复旦中文系
文艺学前沿课堂系列

朱立元 主编

美学与对世界的当代思考

Aesthetics and the Contemporary Comprehension of the World

〔德〕沃尔夫冈·韦尔施（Wolfgang Welsch） 著

熊 腾 等译

商务印书馆

2018年·北京

Wolfgang Welsch

Aesthetics and the Contemporary Comprehension of the World

Copyright © 2018 by Wolfgang Welsch

The copyright of the Simplified Chinese edition is granted by the Author.

本书中文简体翻译版权由作者本人授权出版。

总 序

"复旦中文系文艺学前沿课堂系列"第一批（三本）书即将由商务印书馆出版，我感到欣喜，甚至兴奋。我觉得这是我们文艺学学科正在做的一件大事，一件有助于我们学科和我们的教学科研在国际化方面迈出实质性步伐的大事。

一开始，我们并不十分自觉。我们只是想到，复旦中文系文艺学学科的创建者蒋孔阳先生是我国的德国古典美学研究的开创者，我们应该继承他的研究成果，在新时代把中国的德国古典美学研究提高到一个新水平。这方面，极需要我们加强国际交流，了解国际学界相关研究的新动态、新成果。2015 年，我在访德期间专门前往耶拿席勒大学，拜访了国际知名的黑格尔专家克劳斯·费维克（Klaus Vieweg）教授，向他发出了前来复旦中文系讲学的邀请。他愉快地接受了邀请。2016 年 10—11 月，费维克教授如约来到复旦中文系，用英语为硕、博士研究生做了为期 8 周共 16 次的讲课。讲课主题是"1800 年前后德国美学"，实际上主要讲的是黑格尔的艺术哲学。一位外国教授在中文系做了这么长时间的前沿专题讲课，这在复旦中文系、复旦文科院系乃至国内多数高校中还是不多见的。讲课的内容有不少国内学人不了解的新东西，受到学生的欢迎。因此，我们要求费维克教授将讲稿留下来，由我们负责翻译成中文版。这样，既可以记录国外学者在复旦讲课的精彩内容，也可以展示文艺学学科拓展国际学术交流的具体实绩。

由此，我们萌生了编辑出版"复旦中文系文艺学前沿课堂系列"的想法，因为我们接下来还将不断地邀请文艺学美学领域的其他专家来中文系做系列讲座。如果我们能够把每一位专家的系列讲座讲稿都整理、翻译出版，那么在三五年之后，将会形成一套有一定规模的书系，在国内产生较大的学术影响。目前，请国外著名学者做几个讲座，在我国高校是比较常见的，但是，请一位专家集中一段时间，做系列讲座，就不多见了。至于将他们系列讲座的讲稿以学者个人的名义翻译出版成中文版，近年来几乎没有看到。这类著作不同于一般的学术专著，它同时是现场教学的讲义或记录，是教学与科研结合的成果。于是，我们考虑用这种方式陆续、分批推出国外专家、学者在复旦中文系所做的系列讲座的讲稿汇集。这样，出版"复旦中文系文艺学前沿课堂系列"的构想就成熟了。这不但对于我们文艺学自身的学科建设和教学改革大有好处，而且对于高校文科密切了解国际学术前沿思潮、促进国际学术交流互鉴大有裨益。在我们将这个设想征求中文系领导的意见时，得到了他们的大力支持，出版这套书系的想法于是得以顺利实施。

继费维克教授之后，2017年4—5月、11—12月，应我们之邀，美国著名学者理查德·舒斯特曼（Richard Shusterman）、德国著名学者沃尔夫冈·韦尔施（Wolfgang Welsch）也先后来中文系讲学。舒斯特曼主要讲实用主义美学；韦尔施讲课内容比较广泛，古与今、理论与实践都涉及。他们的讲课同样受到学生欢迎。他们二位也都同意我们将讲稿译成中文出版。所以，在三位专家回国后，我们马上组织力量进行三本书的翻译，准备作为书系的第一批著作出版。翻译过程中，我们一直保持着与三位专家的联系，包括讲稿的章节次序安排、每一讲的标题和全书的总标题等等，都一一与他们商量确定。目前的书名，费维克的《黑格尔的艺术哲学》、舒斯特曼的《情感与行动：实用主义之道》和韦尔施的《美学与对世界的当代思考》最后都是由三位作者自己敲定的。

我们感到十分幸运的是，驰名中外的商务印书馆大力支持我们出版这套前沿课堂书系。当我们提出出版这套书系的设想时，商务印书馆上海分馆总经理贺圣遂先生马上给予热情肯定，并表示全力支持我们先出第一批三本书。由于种种原因，我们交稿时间晚了一些，但是商务印书馆马上安排了一系列具体出版事宜。现在估计，从交稿算起，四五个月三种书就能出齐，真可以说是"神速"了。这真是使我们既感动又感激。在此，我们谨向贺总和有关编辑表示衷心的感谢！

最后，我要说明，这套书系是开放的，第一批三本书仅仅是开了个头。未来两三年，我们还计划邀请几位当代有影响的国外学者来复旦中文系讲课，我们会继续出第二批、第三批讲稿。希望将来"复旦中文系文艺学前沿课堂系列"在国内高校和学界受到更多的关注和重视，产生较大的影响。

是为序。

朱立元

2018 年 6 月 1 日

目 录

前 言　*1*

第一篇　审美世界经验　*1*

第二篇　为何反对人类学美学　*21*

第三篇　"美是自由的感性显现"——作为现代思想方式之挑战的席勒美学　*39*

第四篇　艺术与现实——分裂还是融合　*57*

第五篇　演化论美学观　*75*

第六篇　创造性与偶然性——为何意外让人进步　*95*

第七篇　历史上的跨文化特性——以艺术中的作品为例　*107*

第八篇　"啊！朋友，何必老调重弹！"——音乐美学概述　*125*

第九篇　以感官愉悦和参与替代审美观照或感官认识——生活美学作为美学的第三种类型　*151*

图 版　*159*

前　言

非常高兴我能在中国继续我的研究工作，我先前在中国出版过《重构美学》(*Undoing Aesthetics*，上海译文出版社，2006)和《我们的后现代的现代》(*Unsere Postmoderne Moderne*，商务印书馆，2004)，近期还出版过《超越美学的美学》(*Aesthetics beyond Aesthetics*，河南大学出版社，2017)和《视角的转变——美学的新路向》(*Blickwechsel—Neue Wege der Ästhetik*，河南大学出版社，2018)，最后这本书是我向中国读者出版的最新美学研究成果，而且是在中国首版。

我非常荣幸受到复旦大学中文系朱立元教授的邀请，前来复旦大学进行八次讲座，此书内容包含了这八次讲座的讲稿，以及一篇生活美学会议的发言稿。从2017年9月到10月，我很荣幸能够将我的一些想法分享给许多中国的听众。中国学生提的许多问题都令我印象深刻。在与他们的讨论中，我也拓深了自己的思想。这是我第六次来中国了，非常感谢中国同行们对此书提的宝贵意见以及你们热情的款待。

我非常希望自己的思考能够激发中国读者的灵感。当今这个时代，世上的一切都在变化，而我们对自己的传统又很难再保持自信，那么从他处借鉴是一个不错的办法。德国诗人海因里希·冯·克莱斯特(Heinrich von Kleist)曾说，要想进入天堂，人们必须在周游世界之后再来看看，天堂是不是在身后敞开的。假如中国读者想重新确立自己的伟大传统，那么也需要在周游世界之后回归到他们自己的家乡才行。不管怎样，我祝福他们在这趟旅途和归程中能够满载而归。

  另外，特别感谢我的译者，正是由于他们的努力，我的最新作品才能到中国读者的手中。

沃尔夫冈·韦尔施
2017 年 10 月 18 日，上海

第一篇

审美世界经验

"审美世界经验"是一个充满挑战性的话题，相对于日常行为，它更关注审美行为。审美经验不单单被认为是几种经验模式中的一种——就像其他几种经验模式一样受到限制：相较于政治经验仅限于权利和正义的问题，经济经验关注货币、财产、劳动方面，审美经验则关注特定的审美价值标准，比如美或愉悦。但是与其如此认识，不如说审美经验超越了上述的局限，延伸到审美领域之外，而具有扩展至世界任一维度的能力。审美经验能够提供观看世界的崭新视角——包括它的政治、经济或科学维度。简而言之，它能够发现世界，促进对世界新的认知，以及开拓世界中不为人知的面向。

在 20 世纪 80 和 90 年代，这已经是我在美学工作上的惯常课题，我将审美经验归置于深远的可能性和因果性——直至一种特殊的审美思维。近年来，我工作的重心转变到人与世界的关系，下面我将把两种观点结合起来讲述。

说到人与世界，我反对两点偏见：第一点即认为我们人类是完全自主的，是独立于世界的存在——我认为我们人类是彻彻底底的世界中的存在（这一点在我们的演化法则中十分明显）；我反对的第二点，即作为自主的存在，我们只能建构却无法经验这个世界，即我们可以自由创造却无法描述世界。我的看法是，我们确实能够经验世界，所以恰当地说，不是现代建构主义，而是超现代的现实主义（transmodern realism）才是适宜的。[1]

艺术开拓世界观

让我们来看一些例子，这些例子清楚地表明，审美经验能够提供一种新的世界体验。

马列维奇

第一个例子是卡斯米尔·马列维奇（Kasimir Malevich）的作品——《黑方块》(Black Square，图1-1)，它画在一个灰色的石膏底座上。

这件作品带给我们一种十分特殊的体验。我们都知道，纯粹的黑色（只要周围环境的反射没有遮蔽它）并不被感知为一种颜色的外观，而是一种纯粹的纵深。所以这里，当观赏者的眼睛专注于这个黑方块时，黑色被确实地感知为黑色，观赏者的目光在这个表面找不到任何凭借，他就像在穿越一条方形的隧道，最快地延伸至无穷远处。

这的确不是一种愉快的体验，而是一种令人不安的和可怕的体验。然而它表达的正是马列维奇想让我们体验的东西：宇宙的维度，不是根据星座而排列有序的星空的直白表达，而是在其绝对性中表达为一个无垠的黑暗世界。

这就是马列维奇所意指的"至上主义"[2]。他意图引领我们进入一种维度，这种维度既无法通过人类的规范来认识，也无法从人类的尺度中

---

[1] 《审美经验世界》是我的论文集《审美经验世界——自然与文化之间的当代艺术》(*Ästhetische Welterfahrung—Zeitgenössische Kunst zwischen Natur und Kultur*, Munich: Fink, 2016) 中的一篇文章。

[2] "除了我触摸到的夜晚，我没有创造任何东西，在夜晚中我看见一种崭新的事物，我把它叫作至上主义。它通过黑色的外观表达自己，这种外观变成了一个方块，然后又变成一个圆环。"(Kasimir Malewitsch, "Suprematismus", 收入 *Europa-Almanach*, Potsdam, 1925; 引自 Walter Hess, *Dokumente zum Verständnis der modernen Malerei*, Reinbek: Rowohlt, 1956, p.98。)

推导出来。对于马列维奇来说，这至关重要，因为这项工作——当然是人创造的东西——只是体验某种超越人类世界之维度的场所：一种更广袤的、无人存在的世界。因此，马列维奇明确地反对将这项工作（"图标［icon］"）认作是实际的绘画（"图画［picture］"）："方块不是画，就像开关或插头不是电流一样。那些将图标认作是图画的人犯了错，因为他将开关、插头看作是电流的表现。"[1]——马列维奇不想这项工作被看作是意义完满的图画，而应是电流的触发器。在这个意义上，他声称："我最终摧毁了……图像——同时扩展了世界的体验。"[2]

歌德：通过艺术观看世界

在《诗与真》中，关于艺术经验如何塑造我们的世界观，歌德（Goethe）讲述了一种更加平和的方式。他在德累斯顿参观了一个美术馆，看了许多作品，其中包括荷兰派画家阿德里安·范·奥斯塔德（Adriaen van Ostade）的作品，他参观完之后回鞋匠那里去取他的东西。当他走进房间的时候，他突然相信他看见一幅奥斯塔德的画正陈列在他面前："如此完美以至于人们只能将它陈放在美术馆中……这是我第一次意识到自己如此高程度的天赋，此后我便有意识地对其进行练习：如果哪些艺术家创作的作品是我特别重视的，我便以他们的眼光来观看周围的世界。"[3]

可能大多数读者都了解这种经历。离开艺术展之后，人们忽然以艺术家的眼光，以他的作品的视角来看待世界。这些作品激发出一种特别的看待世界的方式。如果艺术展陈列了具有强烈视觉冲击的几何式图

---

1 引自 Hans Belting, *Das unsichtbare Meisterwerk*: *Die modernen Mythen der Kunst*, Munich: Beck, 1998, p.342。

2 同上。

3 Johann Wolfgang von Goethe, *Dichtung und Wahrheit*［1811］, I. Teil, 8. Buch, Potsdam, Rütten & Loening o.J., pp.520 f. 在他的《意大利游记》(*Italian Voyage*)中，歌德讲述了他的"长久以来的天赋，假如有某位艺术家的作品深深震撼了我，我便通过那位艺术家的眼睛去看待这个世界"（*Goethes Werke*, vol.11, Munich: Beck, [8]1974, pp.7–349, here p.86, October 8th, 1786）。

形，人们会在倏忽间以经过塑造的眼光来感知这个城市，比如去看建筑的水平线和垂直线，看道路网络，看汽车的运行轨迹——甚至可能这样去看一些人。

这正是未经雕琢过的审美行为：人们以感知艺术的方式来感知现实。审美经验的基本原则不是将艺术看作某种封闭的东西，而是将其看作能够打开我们看待世界的方式，去拓展世界那令人陌生的面向。艺术作品往往产生一种强烈的感知力，并辐射到现实中。

第一个例子（马列维奇）旨在将我们抛入另一个世界当中。第二个例子的重点则在于重新审视我们眼前的世界。

克劳斯：发现大自然的音乐

第三种可能性是将审美感性化之后再去探索世界的全新面貌。伯尼·克劳斯（Bernie Krause）是电子音乐的先驱（出生于1938年），他首次利用合成器合成出新的声音，并提供给像飞鸟乐队、大门乐队、鲍勃·迪伦（Bob Dylan）、乔治·哈里森（George Harrison）这样的明星。然后有一天，他把录音设备搬出录音棚，录制了一段室外的声音，通过麦克风的精细震动膜，他第一次听到他耳朵所忽略的东西：他周围的生活环境所产生的异常丰富的声音。这对他来说是一次醍醐灌顶的经历。他发现了生活中的音乐。从那时起，他便将他的工作对象转移到这种迷人的自然音乐和它那丰富的"交响乐"上。[1]——在这种情况下，审美感性使得我们发现了世界崭新的一面，这在审美上如此迷人，克劳斯甚至认为这是音乐的起源。在这里，艺术家的创造力不是创作艺术，而是发现世界崭新的一面。

---

[1] 参见 Bernie Krause, *The Great Animal Orchestra: Finding the Origins of Music in the World's Wild Places*, 2012。

艺术超越现实

但是作为第四种可能,艺术能够吸纳真实世界,也可以说,艺术能够摧毁真实世界。日常世界在向艺术的转化中消解了它的无聊乏味。

古斯塔夫·马勒

作曲家古斯塔夫·马勒(Gustav Mahler)是这方面非常好的例子。1886年著名指挥家布鲁诺·瓦尔特(Bruno Walter)前往斯坦巴克的阿特湖拜访他,瓦尔特当时正望着地狱山脉的悬崖,马勒说:"你不需要再看那些悬崖了——我已经摧毁了它们,它们已经被我编进了乐曲中。"[1]

马勒在他的第三交响乐中消解了那些悬崖。在这首交响乐第一乐章的爆发中,真正的地狱山脉看起来不过是一堆矿渣。[2] 马勒的一般看法是,艺术很可能脱离自然,但并不是仅仅重现或赞美它,而是真正地改善和提升它,因为艺术必须创造出一种更加完善的现实来取代日常生活中的平庸现实。

在他的第三交响乐中,马勒为了超越市侩主义对于自然的庸常视角,他意图创造一种更加广泛、更加真实的自然观。他试图证明"自然中本就包含了一切:惊骇,壮丽,以及芬芳"。"在我看来这十分奇怪,大多数人想到'自然'时,通常只想到花朵、鸟雀、森林的味道等等,没有人想到酒神狄奥尼索斯(Dionysus)或伟大的潘神。"[3] 另一方面,马勒试图使我们听见自然中令人惊骇的特征和它那永恒的生命力。在他的第三交响乐中,他相信,"这个世界,自然作为一个整体……在声音和韵律中苏醒过来"[4]。

---

1 Jens Malte Fischer, *Gustav Mahler—Der fremde Vertraute*, Vienna: Zsolnay, 2003, p.289.
2 马勒说他将第一乐章称作"那座碎石山告诉我的东西"(同上,第341页)。
3 古斯塔夫·马勒写给理查德·巴特卡(Richard Batka)的信,1896年11月18日,引自 *Gustav Mahler—Briefe*, Vienna: Zsolnay, 1982, pp.179 sq., 此处为第180页。
4 同上。

这里顺带一提，事实上，自然在马勒看来，似乎是一种不竭的生命力。正如近期的地狱山脉景象已经从马勒的消解中恢复过来了。

在马勒看来，将世界表述为一个整体是自然而然的。在他的交响乐中，他说他们打算"利用一切现有的技术来建造一个世界"[1]。汉斯·沃施莱格（Hans Wollschläger）评论道："如果想要知道世上的一切，只需要知道马勒的音乐讲了什么就足够了。"[2]

最后，马勒甚至在与世界的关系上又向前迈了一步。他颠倒了通常的看法。艺术家作为自主的创作者，是不是世界的建造者？甚至世界的创造者？马勒的回答是否定的。当艺术家建造世界时，他毋宁说是世界的媒介："人可以说只是宇宙弹奏的乐器而已。"[3] "我越来越明白：人不是在创作，人是在被创作。"[4]

人们确实能够说：即使在自主性的想象中，艺术家实际上也是世界的代理人。毕竟，他作为世界中的一员是世界所孕育的。因此，在任何情况下，世界的一员可以创造关于世界的感性图画。世界通过自己的一部分，产生出了自己的表象。——在这种意义上，这种特殊的艺术经验使得日常关于人与世界关系的认识从主客观导向转变为整体统一导向。

到现在为止，我们已经讨论了艺术看待世界关系的几种方式：通过开拓一种与众不同的世界视角（马列维奇）；通过塑造或转变我们关于世界的惯常认识（歌德）；通过发现世界不为人知的面向（克劳斯）；通

---

1 *Gustav Mahler in den Erinnerungen von Natalie Bauer-Lechner*, ed., Herbert Killian, Verlag der Musikalienhandlung Karl Dieter Wagner: Hamburg, 1984, p.35.

2 Hans Wollschläger, "Notizen aus Toblach zu Gustav Mahlers Spätwerk（1986）"，收入 *Der Andere Stoff: Fragmente zu Gustav Mahler*, Göttingen: Wallstein, 2010, pp.336–346，此处为第 336 页。

3 古斯塔夫·马勒写给安娜·冯·米尔登堡格（Anna von Mildenburg）的信，1896 年 6 月或 7 月，收入 *Gustav Mahler—Briefe*, Vienna: Zsolnay, 1982, pp.164 sq.，此处为第 164 页及其后。

4 *Gustav Mahler in den Erinnerungen von Natalie Bauer-Lechner*, l. c., p.161.

过超越现实并替换为更加深邃和丰富的世界图景（马勒）；以及最后，通过将我们自己理解为世界的代理人或世界的媒介（马勒）。

日本庭院

不仅是在欧洲或西方，在亚洲我们也能找到艺术撬动世界的看法——这不仅仅是为了艺术而艺术，而是为了更深入地理解世界。

位于京都南禅寺中的禅园（图 1-2、图 1-3）是一个例子，它建于 17 世纪初期。正如照片所示，人工庭院和它后面的自然是隔开的，庭院被一堵带有屋檐的灰白墙与周围的地区分开了。

但这却产生了令人意想不到的效果，人们能够将庭院背后的自然——出现在庭院后面的树木和山峦——与人造的自然庭院结合起来。庭院中的感觉与自然中的体验融合为一个整体。

这个庭院是自然的凝聚——就像是一幅世界的缩影。[1] 这个微观世界的投影联结了庭院背后"自然性的"自然，并影响了对其的接受方式。当我们感受这个庭院时，我们同时也感受到了一幅更深邃、更丰富的自然图景——从它表现在庭院中的投影，到其背后的各种自然现象。在倏忽之间我们将这种自然的投影也感知为庭院背后的自然。庭院与其背后的自然再也没有任何隔阂。庭院中的自然体验扩展到了整个"自然性的"自然。——关于艺术如何激发一种更深邃、更丰富的理解现实的方式，这是又一例证。

转移，类比

现在让我们再来讨论审美性建构的另一种影响模式——不是将世界

---

[1] （正如人们常说的具有禅意风格的石头庭院中的陆地景观一样，）人们能够将石头看作山峦，草地看作森林，沙石看作海洋。

把握为一个整体,而是将社会世界细化到特殊的部分。

彼埃·蒙德里安

彼埃·蒙德里安(Piet Mondrian)的作品《红、黑、蓝、黄的构成》(*Composition with Red, Black, Blue and Yellow*,图1-4)——仅仅由水平线和垂直线以及最基本的颜色,诸如黄、红、蓝,还有白和黑构成——看上去非常抽象,似乎是极端的形式主义。但在同时,这些元素又体现和象征着社会组织的基本原则。蒙德里安对于艺术的考量不仅仅在于图画性的片段,而且还力图表现出生活世界的平衡模型——这是我们每个人在其个人生活中都无法避免的事情,也同样是社会结构所不可缺少的。通过观察蒙德里安绘画作品中的观看者,再现蒙德里安的平衡法则,人们可以学习到如何逐渐平衡自己的位置。

关键之处在于,这里的平衡法则不是一种标准化的法则,而是在对其差异性的尊重中的协调原则。蒙德里安自己将他的绘画看作是平衡各种社会力量的模型,这在民主社会中是不可或缺的。它们也可被看成人的自我身份认同中部分和层次的平衡模型。这些无言的、静默无华的作品只有在人们意识到超越自己的限制,直至进入实践的维度之后才能被真正理解。

乔治·莫兰迪

人们可以通过相似的方式,将乔治·莫兰迪(Giogio Morandi)的静物写生看作是社会关系图网。日常生活中的物品,比如玻璃杯、瓶子、碗、罐子一个挨一个地放在桌面上,它们紧紧地挨在一起并且部分相互重叠。这些物体的组合很明显非常像家庭成员之间的关系。人们可以看到等级制度、爱好倾向、胆怯、回避行为、自我确认以及社会联系。——蒙德里安作为一个艺术家,可以说是在宏观社会世界中创作,而莫兰迪则是在微观社会世界中创作。

据说每一种美学思想都能被特异为相应的伦理学，而每一种伦理学都能被表述为相应的美学思想。这些关节联结的方式——无论是独断的、有机的还是开放的——同时也描述了不同的艺术风格和社会形态。[1]

审美的任务大体上囊括在相容性的作品里。这也适用于个人生活、家庭和社会中。相容性是指：必须一面在多样性和分歧，一面在普遍性与联结之间取得平衡。这种在美学与伦理学工作之间的共通性使得艺术作品同时能够指导正确的生活方式——这就是为何美学思想常常被看作是一种合宜的道德规范的向导。

举个例子，想一想赖内·马利亚·里尔克（Rainer Maria Rilke）的著名主张，在他的诗歌《古老的阿波罗躯干雕像》（1908）结尾，美学观念转变为一种伦理要求。关于观看者与对象之间的传统关系被颠倒了，躯干——"从内而外散发着光辉"——在最后散发着它的绚丽光芒，催促观者并命令他改变他的生活。[2] 其他主张美学与伦理学之间具有紧密关系的诗人还有弗里德里希·席勒（Friedrich Schiller）和约瑟夫·布罗茨

---

[1] 因此，正如迪奥多·W. 阿多诺的《美学理论》（Theodor W. Adorno, *Aesthetic Theory*, Frankfurt/Main, 1970）中所论述的，一种伟大的美学理论同时也标示着道德和社会哲学。

[2]
We cannot know his legendary head	我们无法知道他的传说中的头部
with eyes like ripening fruit. And yet his torso	和成熟水果般的眼睛。但他的躯干雕塑
is still suffused with brilliance from inside	仍然由内而外散发着光辉，
like a lamp, in which his gaze, now turned to low,	像一只灯泡，藏着他的目光，如今低垂
gleams in all its power. Otherwise	倾其全力闪烁着。然则
the curved breast could not dazzle you so, nor could	弯曲的胸部并不那么令你惊异，也没有
a smile run through the placid hips and thighs	赞许的表情通过平静的手臂和大腿
to that dark center where procreation flared.	抵达生殖器突出的模糊的中央。
Otherwise this stone would seem defaced	否则这块石头在肩部透明的
beneath the translucent cascade of the shoulders	垂瀑之下看上去已被磨损
and would not glisten like a wild beast's fur:	也不会像野兽的毛皮一样闪闪发光：
would not, from all the borders of itself,	不会，从它的所有边界开始，
burst like a star: for here there is no place	像星星一样爆发：因为这里没有地方
that does not see you. You must change your life.	不能让你看见。你必须改变你的生活。

基（Joseph Brodsky）。席勒认为美学应该从传统的对艺术作品的关注转变为对"生活艺术"的全新视角：具有共通感的艺术对于生活提供了一种更加深刻也更加重要的艺术接受方式。[1] 而约瑟夫·布罗茨基甚至将美学看作是"伦理之母"[2]。

文学就像其他艺术形式一样，具有开拓世界观的强大潜能。荷马（Homer）与索福克勒斯（Sophocles），但丁（Dante）与莎士比亚（Shakespeare），李白与哈菲斯（Hafis），普鲁斯特（Prouse）与海明威（Hemingway），他们每个人都创造了关于社会和世界的各具特色的图景。文学并不仅仅是客观描述，它实际上在创造关于世界的观念。

正如乔治·斯坦纳（George Steiner）指出的，伟大的文学作品常常孕育和塑造我们言说和行为的方式。"文字、短语、修辞，当我们在生活中试图理解爱的出生、成熟和枯萎时，在试图将这些自然的经历不仅仅传达给我们自己，也同时试图传达给他人时，我们精神和身体的姿态……不管有没有意识到，在很大程度上都取自于先前的伟大诗人、画家、作曲家们的剧目表。……根据口头词语和书面文字把握的不同水平，我们经历和理解爱就像杰克和吉尔那样，像罗密欧和朱丽叶那样，或像托尔斯泰的娜塔莎那样。我们像奥赛罗那样妒忌。……那些人们世代传颂和朗读的关于吸引和诱惑的辞藻之中的古老音节，则是来自彼特拉克的短语集。"[3]

1　参见 Friedrich Schiller, *On the Aesthetic Education of Man in a Series of Letters*, trans., R. Snell, Bristol: Thoemmes, 1994, 15th letter, p.80.
2　Joseph Brodsky, "Uncommon Visage"［The Nobel Lecture, 1987］, 收入 *On Grief and Reason*, New York: Farrar-Straus-Giroux, [3]1996, pp.44-58, 此处为第 49 页。"'好'与'坏'的范畴首先是审美性的……假如在伦理学中不是'一切都被允许'，这恰恰是因为在审美中'不是一切都被允许'，因为光谱上颜色的数量是有限的。幼小的婴儿本能地哭闹并拒斥向他伸手的陌生人，这不是一种道德选择，恰恰相反，是一种审美选择。"（同上。）
3　George Steiner, *Real Presences: Is There Anything in What We Say?*, London: Faber and Faber, 1989, p.194.

偶然——现实的另一教诲

在讨论了美学与社会图景之间以及不同的艺术流派之间的转换关系之后,让我们再次回到世界关系的主题上来。

通过展示和表述在我们日常现实中所忽视的特殊之处,艺术能够改变我们看待世界的方式。相较于市侩主义的庸常自然观,马勒主张的狂欢主义的酒神自然观是一个例证。

在艺术改变我们看待世界的方式中,偶然是另一个重要的主题。[1] 这一改变开始于 1913 年,这正是马塞尔·杜尚(Marcel Duchamp)对他的音乐(《错误音乐》[Erratum musical],1913)和绘画(《三个标准的终止》[Trois stoppages étalon],1913 或 1914[2])实验偶然巧合作用的时期。第一次的结果并没有给杜尚留下什么深刻印象。但他尝试这种方法越久,便越发觉偶然的艺术可能性。他同时意识到偶然也是这个世界的一个普遍特征——只是很大程度上被忽视了。艺术使我们重新意识到这一点。

在杜尚的开创性工作之后,偶然的重要性成为 20 世纪五六十年代绘画和音乐的主题。非定型主义(主要代表人物有弗特里埃[Fautrier]、沃斯[Wols]、杜布菲[Dubuffet]和波洛克[Pollock])将偶然巧合表现在画布上,阿拉托斯主义(又称偶然音乐,凯奇[Cage]、布列兹[Boulez]、斯托克豪森[Stockhausen]等等)有意创作标示着随机因素的乐曲。在这层意义上,艺术也使我们看到了一个经常被忽视和压抑的世界基本特征,使得我们了解并结识了一直被贬低的偶然性。

我们不应忘记:音乐不是源自忧郁。音乐往往与文化语境相关,并反映着相应的文化环境特征。在综合演化论(达尔文与遗传学的结合)影响越来越大后,阿拉托斯音乐登上了历史的舞台。它强调偶然在生

---

1 更多相关主题的细节参见本书的第六篇《创造性与偶然性——为何意外让人进步》。
2 杜尚把三根一米长的线从一米高的地方丢下,然后记录下随机的结果。

命进程中的重要性。[1] 无论是地球上生命的诞生，还是脊椎动物的形成从而导致人类的出现，这些都并非不可避免的。所有这一切，都存在着一种偶然巧合，否则演化的方向可能会完全不同。史蒂芬·杰·古尔德（Stephen Jay Gould）曾说过，多次重放"生命录像"，给那些偶然性因素发展的空间，人们会发现生命的进程将与我们所知的进程具有非常大的差异，导向我们的进程只是其中一种可能性。[2]

在阿拉托斯音乐中也是如此。它使我们认识到，在随机性的介入下，从同一个出发点出发可以有不同的结果。在音乐领域中，阿拉托斯音乐以这种方式演奏出了生命的整体广度。它使我们理解到偶然性及其强大的生命力，从而有助于我们形成最新的世界观。

艺术体验作为多元性的课堂

现在让我们转向另一要点。到现在为止，我们关注的问题是：单独的作品或范式如何传达特定的世界经验？我们已经讨论过许多例子了：马列维奇的《黑方块》、马勒的交响乐、日本庭院、蒙德里安和莫兰迪、阿拉托斯主义。

现在我们可以进一步深入这个问题：我们从众多差异性作品和范例的体验中学到了什么？在如此广泛的艺术体验中，我们关于世界的看法又受到了什么样的影响？

范式的多元

在将艺术把握为一个整体时，人们必须面对一个基本的事实，即艺

---

[1] 马塞尔·杜尚是先驱者之一，他在1913年创作了两首随机性的乐曲，而且它们在开头都是不连续的。

[2] 参见 Stephen Jay Gould, *Zufall Mensch: Das Wunder des Lebens als Spiel der Natur* [1989], Munich: Hanser, 1991, p.46。

术的多元性。而且实际上，真正的多元性并不单单是艺术领域中那些数量庞大的作品，不是相互类似的创作风格和作品。多元性毋宁说是艺术中包含着（在每一流派中）众多的不同范式。这些不同类型的作品要求着不同的接受观念和准则，它们绝不能在同样的尺度下被评判。[1]

这里简要地对其进行说明。

如《水晶瓶里的鲜花》（Flowers in a Crystal Vase，图1-5），在马奈（Manet）看来，欣赏这幅画，尤其是欣赏它的用料时，眼睛需要游览画布的表面。

但在马列维奇的作品中就不是这么一回事了（见图1-1）。在这里我们的感官需要穿透画布的表面，直达其深处的背景中。

以荷兰风俗画为例——比如勃鲁盖尔（Pieter Brueghel the Elder）的作品《农民的婚礼》（Farmers' Wedding，图1-6）——画作的表面也非常重要，但不是由于它的涂料，而是由于无限丰富的客观细节需要我们解读和阐释。

蒙克（Munch）的作品《呐喊》（The Scream，图1-7）则是完全另外一种类型。只有似乎真的听到了呐喊的声音，人们才真正地看懂了这幅画——视觉感官必须流溢到听觉感官中。

还有，波洛克的画作需要动态的感官。如此等等。

简而言之，审美经验包含有一系列不同的感知模式。艺术体验建构在开放多元的而不是封闭独断的美学原则上。对于观赏者来说，对于单独的作品，需要找到与之适宜的感知方式和途径。观赏者必须发现艺术作品的个体言语特点（真正的语言），否则作品始终都是隔阂在外或被误解的。在各种各样的艺术作品中并没有通用的准则，正如穆齐尔（Musil）所批

---

1 有关范式的概念和结构，更多详情请参见我的另一本书 Vernunft. Die zeitgenössische Vernunftkritik und das Konzept der transversalen Vernunft, Frankfurt a.M.: Suhrkamp, 1995, [4]2007。

判过的——"从来没有构建美学大厦的万能砖"[1]。凯奇的作品不能以奏鸣曲的方式去评判,而贝多芬(Beethoven)的作品也不能以偶然的方式去评判。以一种不合宜的标准来评判作品,或将所有作品都以单一的标准来评判,这是吹毛求疵的方式。审美能力应该包含多样性的潜能。[2]

包容性

艺术领域内在多元性将产生的一个有趣的结果,即各种各样的范式和类型即使已经成为久远的历史,也依然具有持久的魅力。我们依然痴迷于格列高利圣歌(Gregorian songs)、蒙特韦尔迪(Monteverdi)和巴赫(Bach),还有阿佩利斯(Apelles)、莱昂纳多(Leonardo)和委拉斯凯兹(Velazquez),荷马、莎士比亚和普鲁斯特。这一特点使得艺术领域迥异于科学领域。在科学领域,旧理论被新理论代替并宣布为无效(比如托勒密天体系统被哥白尼学说所取代,还有燃素理论被燃烧反应中氧气作用的发现所取代)。在科学中,柯罗诺斯(Chronos)吞食了他的孩子们,与之相反的是,艺术的女儿们却活了下来。

这点与艺术的特点有关。与科学不同,在艺术中没有普遍统一的真假准则。相反,不同的可能性并肩而立,拥有平等的权利。这就是为何不同的范式能够持存。不管怎么说,这一点在历史上是确凿无疑的。在短期内,斗争、独断主义和专制主义可能会存在。普桑主义者(Poussinist)和鲁本斯主义者(Rubenist)还有勋伯格主义者

---

[1] Robert Musil, *Tagebücher*, ed., Adolf Frisé, Reinbek bei Hamburg: Rowohlt, 1976, p.449, 该记录约在1920年。

[2] 顺带提一句,这个例子不单单存在于现代(这种状况现在大体上是上升时期),而且在传统中也早已存在。西塞罗曾说过,人们必须学会在他们的领域中认识和欣赏不同的风格类型:"假如世界上有无数种演讲的方式和类型并且各具特色,但它们仍是同一种事物,那么——即使它们互不相同——人们仍能够长久地讲授同样的规则以及同样的体系。"(Cicero, *De oratore*, III, p.34.)同样的:"只存在着一种绘画的艺术,虽然宙克西斯、阿格劳丰和阿佩利斯之间各自完全不同,但人们并不会责难他们的缺陷和不足。"(*De oratore*, III, p.26.)

（Schoenbergian）和序列主义者（serialist）争论激烈。但终究都会留存下来并得到相应的评定。艺术领域是一片具有包容性的领域，是一片差异性共存的领域。

审美与社会多元

下面将进一步探讨审美能力如何在当代世界发挥其特殊的作用。我们在艺术体验中所感受到的范式多元性同样能够处理社会多元性所引发的问题。

这是由于问题的结构形式在两个领域都是相同的（只是各自的内容不同）。这两个方面（艺术的和社会的）都需要有对各自独立特征的认识，以及不同形式的特异法则的意识。就像在艺术领域中，将所有的范式以同样单一的准则来衡量是不合理的一样，在社会领域中（尤其是在民主社会中）也是如此，将不同的社会生活方式以同样单一的准则来衡量也是不合理的。这在艺术创作中将导致吹毛求疵的评判，在社会生活中将导致压迫。

艺术体验是培养多元性的课堂。那些并非简单地只从字面上去理解"艺术"二字，而是将艺术渗透到其思想和行动中的人，将会更容易发觉和处理生活中的不同状况，将会意识到正在缓慢增长的压迫以及必要的反抗。[1]

---

1 参见 W. Welsch, "Ästhet/hik—Ethische Implikationen und Konsequenzen der Ästhetik", 收入 *Ethik der Ästhetik*, eds., Christoph Wulf, Dietmar Kamper, Hans Ulrich Gumbrecht, Berlin: Akademie Verlag, 1994, pp.3-22. 学习过艺术的人会在思想中给艺术留出足够的空间，他们不仅能够在理论上知道各种观念的特殊和有限之处（包括他自己），而且也懂得适当地计划和行动。他不再在绝对的同情和有限的想象中进行判断和责难，而是发现了其他通往可能性真理的路——即使与他自己的决定完全相反。他不仅在原则上相信了在同样的真实中可以具有差异巨大的不同视角，而且这种意识将成为他行动的一部分，这使得他的思考和行动有了稳固并且具弹性的血管。他尊重那些不在场的事物，在不合理的事物中相信存在着合理，并且真正地考虑到他者的存在。

通过这种方式，审美文化同样有助于政治文化。其程度将取决于审美文化中的包容性被认识的程度。缺少了感受性，包容性作为原则也只是一纸空文。设想某人只是达成了他自己的最大程度的包容，但却缺少日常生活中的感受性，因为日常生活中存在着许多拥有不同观念的持有不同世界观的人，因此这不仅仅是一种错误的偏差，换言之：这里面的关键不是事物的缺乏，而是文化的差异。这样的人永远无法对他的包容力物尽其用，反而会继续他的霸权主义和压迫行为——但这种行为却是建立在成为一个具有包容性的人的良好意愿和确切信念之上的。对于差异的感受性，是包容性的必要条件。也许今天社会中的许多人对包容性讲得太多，具有的感受性又太少。艺术体验则能够建立感受性。

可能性的感受

最后，为了解释感受性的产生，我们需要进一步发掘审美能力在社会方面的重要影响。审美经验促进我们对可能性的感受（正如穆齐尔所说的）[1]，它甚至是在审美的首次接触中才苏醒过来。艺术本质性的多元论同样也意味着人们不是以单一而是以不同的方式或是达到，或是看见，或是建立起所有的事物。

毕加索创作于1942年的《公牛头》十分著名。他只是将一个自行车坐垫和自行车把手组合在一起：坐垫是垂直的（头向下，背面朝上），而车把手的把手朝上，被放在坐垫的后面。这种组合恰好拼出了一个气势汹汹的带有头角的公牛头的形状。

假如这种组合是可能的，假如自行车把手和坐垫能够组合成公牛头，那么我们那些习以为常的事物，以及改变我们自己的尝试，又有什

---

[1] 参见 Robert Musil, *The Man Without Qualities* [1930–43]，第四章："如果存在着对真实的感受力，那么也必定存在着对可能性的感受力。"

么样的可能性呢？艺术唤醒了我们的选择意识，打开了我们的眼界，并使我们能够接纳不合理的事物。所有的事物都能以不同的方式去完成，去重新理解。是艺术使我们意识到了这一点。——既然如此，那就请这样行动吧。

（熊腾　译）

第二篇

为何反对人类学美学

在这一篇中，我们不再以人类学的立场，而以超人类学的立场来看待美学。

现代性的人类学原则

什么是"人类学立场"？现代性有一个基础性的前提：所有的一切事物都是以人类为中心——建立更好的人类社会，发展服务于人类的技术，利用自然为人类牟利。[1]

狄德罗（Diderot）在1755年阐述了现代性的基本范式，他写道："人是一切得以开始的唯一概念，也是一切得以回归的唯一概念。"[2] 这是人类学的原则。在我看来，这也是现代性的指导原则。人被看作是一切事物的起点以及一切事物的参考尺度。

狄德罗这样解释这条原则："没有人类……自然的动人演出及其崇

---

[1] 我在下面的书目中对现代性状况的细节做了更多揭露和批判：*Mensch und Welt—Eine evolutionäre Perspektive der Philosophie*, Munich: Beck, 2012, 以及 *Homo mundanus—Jenseits der anthropischen Denkform der Moderne*, Weilerswist: Velbrück Wissenschaft, 2012, ²2015。

[2] 德尼·狄德罗，《百科全书》(1755)条款，引自 Diderot, *Philosophische Schriften*, Berlin: Aufbau-Verlag, 1961, vol.1, pp.149-234, 此处为第187页。

高性除了是一出可怜的哑剧外什么都不是。宇宙归于缄默,寂静和黑暗笼罩其中,所有的一切都变成了荒原,世上的万物……都昏暗无趣。只有人类的出现才使得一切事物的存在生机盎然。"[1]因此,狄德罗认为,人必须被看作是万物的"中心"[2]。

现代思想遵循此人类学原则长达250年之久。现代性当然还有许多不同的形式,虽然它们常常在表面上相互对立,但是本质上都不约而同地遵循着这个人类学原则。

我们首先来看看康德(Kant)。在1781年的《纯粹理性批判》中,他已经阐明,呈现给我们的真实是以人类自己的建构为基础的。所有客观对象都是由我们的先天认识形式所决定的(我们的直观形式和范畴)。空间与时间,多样性与因果性或实体与必然性都不是事物本身的性质(这些性质我们无法得知),而只是我们所知的事物表象,因为它们是由我们的认知模式建构起来的。从康德开始形成了一种著名的观念,即声称我们的知识不需要符合对象,正如它原先被认为的那样,而是"对象必须符合我们的知识"[3]。之所以如此是因为我们提供给知识以形式,它们才得以呈现在我们面前。因此所有的对象都是由人类建构起来的。人类可以说是整个世界的基准。

我们再来说说尼采(Nietzsche)。像康德一样,尼采作为启蒙主义的领军人物,被认为是幽暗癫狂的思想家。尽管有各种各样的不同意见,尼采依然热切地拥护人类学原则。他认为:"我们认识所有事物都经由

---

[1] 德尼·狄德罗,《百科全书》(1755)条款,引自Diderot, *Philosophische Schriften*, Berlin: Aufbau-Verlag, 1961, vol.1, pp.149-234, 此处为第186页。

[2] 同上——人类中心主义现代形式的特征是,人类被看作是世界的中心不是由于非人类的(比如,宇宙的秩序或上帝的意志)法则存在,而仅仅是由于人类自己的行动。可以说,人类学原则赤裸裸地表现了人类中心主义——所有的东西都只是从人类自己那里发展出来的。

[3] Immanuel Kant, *Critique of Pure Reason*, trans., Norman Kemp Smith, New York: St. Martin's, 1965, p.22 [B XVI]。

我们的大脑，并且无法摆脱它。"[1] 因此，对于尼采来说，所谓的真理是"一种彻底的人类学真理，这种真理无法达到'真理本身'或真实，或在人类之外达到普遍的正确性"[2]。

与癫狂的思想家尼采相反，在另外完全不同的阵营中，维也纳派思想家以其科学成就闻名。1931 年，维也纳派的领军人物奥托·纽拉特（Otto Neurath）直言："科学的世界观念"所获得的"荣誉……已然说明人类是万物的尺度"。[3]——再次地，完全相反的观念——艺术主义者尼采和科学主义者纽拉特——不约而同地承认着现代性的基本原则和人类学原则。

甚至当代分析哲学（即当前世界的主流哲学）也遵从着这条现代性的原则，比如其代表人物戴维森（Davidson）和普特南（Putnan）就声称，我们所能达到的仅仅是一种人类的真理、理性或客观性[4]。

从狄德罗到现在的 250 年，人类学原则一直盛行不衰。所有一切都以人类作为事物的出发点和归结点来衡量。人类被看作是世界的中心。

这种人类学原则不仅是哲学和科学的指导原则，而且渗透在政治和经济、农业和交通，以及日常生活的各个领域。这里只提两个例子：在现代建筑学中，人类的测量手段被不断地加以突出。比如，勒·柯布西

---

1 Friedrich Nietzsche, *Human, All-Too-Human. A Book for Free Spirits* [1878], trans., Marion Faber, Lincoln: University of Nebraska Press, 1984, p.17 [9]。
2 Friedrich Nietzsche, "On Truth and Lies in a Nonmoral Sense" [1873, publ. 1896]，收入 *Philosophy and Truth. Selections from Nietzsche's Notebooks of the early 1870's*, trans. and ed., Daniel Breazeale, New Jersey: Humanities Press, 1979, pp.79-91，此处为第 85 页。
3 Otto Neurath, "Wege der wissenschaftlichen Weltauffassung"，收入 *Erkenntnis* 1（1930/31），pp.106-125，此处为第 125 页。
4 戴维森：真理仅仅存在于"语言相关性"和"仅仅作为其是的客观性"中（Donald Davidson, "On the Very Idea of a Conceptual Scheme"，收入 Davidson, *Inquiries into Truth and Interpretation*, Oxford: Oxford University Press, 1984, pp.183-198，此处为第 198 页）。普特南："人类诉说的客观性和理性是我们已有的事物"；它们（虽然没有依其所是地依照严格客观性和理性运行，但）"比一无所有要好那么一些"（Hilary Putnam, *Reason, Truth and History*, Cambridge, Mass.: Cambridge University Press, 1982, p.55）。

耶（Le Corbusiers）在《雅典宪章》中说："对于设计师来说……人类的尺度是测量的方法"；"建筑必须……服务于人类"。[1] 这种说法直至今天一直在令人厌烦地重复。生态学也摆脱不了人类学倾向的大趋势，而且至少是半人类学的。人们关注环境问题只是由于我们希望自己变得更好；人们希望维护生态多样性只是由于这对我们很重要（例如有利于新药的开发）；人们希望限制海平面的上升只是由于这危及我们的栖息地。总之，人们希望保护自然只是由于这对我们自己是好的。

诚然，在现代性的发展过程中，也出现了反人类学原则的声音，比如弗雷格（Frege）、胡塞尔（Husserl）或福柯（Foucault）。但是最后，所有人还是回到现代思想的老路上去了（因为他们没有意识到这个问题最深层的原因，所以也就无法解决它，在下文将讨论这一问题）。

艺术中的非人类学境况

艺术领域中的情况有所不同。虽然在现代性的进程中，艺术也有其人类学的路向，但在 20 世纪，艺术在超越人类学的狭隘性方面，即挣脱现代性的人类学蚕茧，也有过成功的尝试。这甚至是 20 世纪艺术引领我们超越人类世界的主调。

非人性转向的诉求

我们来看一些理论层面上的说法。一些主流的艺术家和艺术研究者一再地呼吁超越人性的领域，转向非人性的层面。阿波利奈尔（Apollinare）在 1913 年写道："说到底，艺术家是一群想变成非人的人。

---

[1] Le Corbusiers, "Charta von Athen" [1933], *Kritische Neuausgabe*, ed., Thilo Hilpert, Braunschweig/Wiesbaden: Vieweg, 1984, p.162 [§87].

他们艰难地探索着非人性的遗迹。"[1] 大约 10 年后，奥特加·伊·加塞特（Ortega y Gasset）将"艺术的去人性化"定义为现代艺术的特征。[2] 梅洛-庞蒂（Merleau-Ponty）将"塞尚的作品"看作是"人类赖以生存的非人性自然的基础"。[3] 还有阿多诺（Adorno）的著名论断："艺术只是由于人的非人性才忠实于人。"[4] 美国加利福尼亚太平洋（译者注：具体而言，是指卡梅尔小镇[Carmel]）的著名诗人罗宾森·杰弗斯（Robinson Jeffers）曾说，对于我们人类来说，"从人性的意义和特点，到非人性的意义和特点，一种清晰的转变"是必要的。[5] 在他的一首诗中，杰弗斯写道："我们必须将自己的思想赶出来；我们必须在自己的观念中稍微去人性化一点，并且应对孕育我们的石头和海洋保有信念。"[6]

超越人类学原则的艺术案例

我们现在来看一些艺术案例，看看这些案例如何超越狭隘的人类经

---

1 "说到底，艺术家是一群想变成非人的人。他们艰难地探索着非人性的遗迹。"("Avant tout, les artistes sont des hommes qui veulent devenir inhumains. Ils cherchent péniblement les traces de l'inhumanité [...]") Guillaume Apollinare, "Méditations esthétiques. Les Peintres cubistes"[1913]，收入 *Œuvres en prose complètes*, II, Paris: Gallimard, 1991, pp.3-52，此处为第 8 页（"关于绘画"一节）。

2 奥特加·伊·加塞特《艺术的去人性化》(Ortega y Gasset, "The Dehumanization of Art"[1925])，引自 *The Dehumanization of Art and Other Writings on Art and Culture*, New York: Doubleday, 1956, pp.1-50。

3 莫里斯·梅洛-庞蒂《塞尚的疑惑》(Maurice Merleau-Ponty, "Le Doute de Cézanne")，引自 *Sens et non-sens*[1948], Paris: Nagel, [5]1966, pp.15-44，此处为第 28 页。

4 "康德隐秘地将艺术看作是一位仆人。当艺术不再有作用时它就变成了人类。艺术的人性与人类任何意识形态的作用都无法吻合。艺术只是由于人的非人性才忠实于人。"(Theodor W. Adorno, *Aesthetic Theory*[1970], trans., Robert Hullor-Kentor, Minneapolis: University of Minnesota Press, 1996, p.197.) ——我在《艺术只是由于人的非人性才忠实于人》这篇文章中详细地讨论了阿多诺这个观点（这篇文章在"阿多诺之后的艺术与美学"会议中以演讲形式发表，伯克利学院，美国，2001 年 4 月 5—7 日）。

5 罗宾森·杰弗斯《双斧等诗的序言》(Robinson Jeffers, "Preface to *The Double Axe and Other Poems*"[1947])，引自 *The Selected Poetry of Robinson Jeffers*, Stanford: Stanford University Press, 2001, pp.719-722，此处为第 722 页。

6 罗宾森·杰弗斯《卡梅尔点》(Robinson Jeffers, "Carmel Point")，引自 *The Collected Poetry of Robinson Jeffers*, ed., Tim Hunt, vol.3, 1938-1962, Stanford: Stanford University Press, 1991, part III: "Hungerfield"(1948-53), pp.313-408，此处为第 399 页。

验世界。在上一篇中，我们已经看过卡斯米尔·马列维奇的作品，他的作品意图引领我们走入宇宙的维度。这里还将讨论两位艺术家：让·杜布菲和詹姆士·特勒尔（James Turrell）。

让·杜布菲：大地

马列维奇试图引领我们进入宇宙的维度来超越日常的人类世界，而杜布菲则专注于揭开大地世界的非人性结构[1]。特别是在20世纪50年代末和60年代初，大地成为了杜布菲最感兴趣的主题[2]。

但他并没有像我们平常那样，关注于我们日常生活的表面大地，而是将其看作是独立而深沉的处所，看作是真实而自主的，看作是对人类漠不关心的。

在其他作品中，杜布菲将大地看作是一种引人入胜的微观结构。

最后他所表现的大地形式在传统看来，与其说是在地球上的，不如说是在宇宙中的。在他的《天体溶胶》(*Sol céleste*)中，沉重的大地被完全融在光辉明亮的天体世界中。

杜布菲被看作是"去人性化的人和去人性化的视点"[3]。他希望建立起

---

1 相关的系列作品是1957—1959年的《地形学和肌理学》（这些作品被集结为《灿烂的大地》），1958—1963年的《现象学》，以及1959—1961年的《物质学》。参见杜布菲的评论："（我作为）画家，是物理世界的探索者，也是这种方法的痴迷探求者。"（法文原文："Peintre, je suis explorateur du monde physique et fervent chercheur de cette clef." Jean Dubuffet, "Empreintes" [1957]，引自 *L'homme du commun à l'ouvrage*, Paris: Gallimard, 1973, pp.229-253，此处为第233页。）兰波曾说过："假如我有欲望，那就是对大地和石头的欲望。"（阿尔蒂尔·兰波《饥饿的节日》[Fêtes de la faim, 1872]，引自 *Œuvres*, ed., Suzanne Bernard, Paris: Garnier Frères, ²1960, p.169。）

2 我在《思想的极限——艺术绘画的审美观点（杜布菲）》("An den Grenzen des Sinns—Ästhetische Aspekte der Malerei des Informel [Dubuffet]", *Philosophisches Jahrbuch* 86/1, 1979, pp.84-112）中以哲学的视点讨论了杜布菲的作品。

3 "我的画作中，有许多都基于去人性化的主题——哪怕是画人和人的目光——基于一种对画家本人及其艺术主旨的去个人化。"（法文原文："[...] beaucoup de mes [...] peintures reposent [...] sur la déshumanisation des sujets, voire de l'homme et de son regard, sur une espèce de désindividuation tant du peintre lui-même que de ses sujets." Jean Dubuffet, *Prospectus et tous écrits suivants*, 2 vols., Paris: Gallimard, 1967, vol.II, p.131.）

一种明晰的"反文化姿态"以反抗固有的人类中心化视角。他认为我们仍被人类中心化视角所支配，但其实这种视角已不再适合我们了[1]。

詹姆士·特勒尔：光

我们现在来看看另一个例子——一个最现代的例子——詹姆士·特勒尔。他并不引领我们进入非人性化或超人性化的世界：飞入宇宙或是回归大地。恰恰相反，他做的似乎还是老一套的东西——表现光，他试图在这种表现中使我们感受到与世界的连接。歌德曾说："如果眼睛不是像太阳一样，它就看不到太阳。"[2] 特勒尔也是如此。他不仅仅将其表述为一种宇宙天体（太阳），而且还表述为我们生活世界中最基本和最密切（但基本上被忽视了[3]）的现象：光。没有人像特勒尔那样对光进行过详尽而切实的探索研究。他并不将光仅仅看作是视觉的形式，或是日光、夜光、普通光、高光、灯光，诸如此类，他将光表现为它自身，看作是其本来所是的东西[4]。

特勒尔以一种高明的方式将光表现得适合于我们的感官本性。我们在感知光时，不单单将其看作是一种客观的、与我们对立的事物，而且还将其感知为我们看待它时的方式以及其表现出来的形式。光（作为一种客观

---

1 "我们的文化像是一件不适合我们的衣服——在任何情况下都跟我们不合适。"（法文原文："Notre culture est un vêtement qui ne nous va pas—qui en tout cas ne nous va plus." Jean Dubuffet, "Positions anticulturelles"［1951］，引自 *L'homme du commun à l'ouvrage*, l. c., pp.67-77, 此处为第 68 页。)

2 Johann Wolfgang von Goethe, *Werke. Hamburger Ausgabe in 14 Bänden*, vol.1, Reprint Munich: Beck, [10]1974, p.367.

3 "我们对于光的表达仍然十分原始和匮乏，在光学仪器方面也是如此，非常原始……我们对于光的文化是一种原始的文化。我们仍处于开始阶段。所以我们得制造仪器，制造和声。"(《向光致意》["Greeting the Light"，An Interview with James Turrell by Richard Whittaker, *Works and Conversations*, February 13th, 1999.])

4 特勒尔："我的工作内容是当下所呈现的光；我的工作不是关于光的论著，也不是一种论证。它是光本身。光不揭示其他事物，它揭示的只是它自己。"(James Turrell, "Texte", 收入 Exhibition catalogue *Mapping Spaces. A Topological Survey of the Work by James Turrell*, New York, 1987, Supplement, p.33。)

事物）与我们看待光的方式（作为一种主观的因素）是互为一体的。

2009—2010年在沃尔夫斯堡的艺术馆中陈列的 Bridget's Bardo 照明装置是一个很好的例子[1]（图2-1）。

这是一件可以在其中行走的光学设备，它由美国灯光艺术家詹姆士·特勒尔（Jame Turrell）设计，是占地面积为700平方米、垂直高度为11米的空间重叠结构：视觉空间和感知空间融合为一个空间。这两个空间除了在蓝与红之间缓慢波动的光之外，什么都没有。

参观者通过上层18米高的斜坡进入视觉空间。当人从这个斜坡上走下来，将会发现房间中不断增强的光在逐渐消逝，取而代之的是方向感的迷失。

当光除了它自身之外什么也没揭示时，参观者的感官将彻底地被一种氛围所笼罩。他将沉浸在一种纯粹之光的神秘世界当中。

这里要声明一点：这种体验不是单纯的"愉悦"。在进入斜坡的时候，馆员会提示："深渊从此开始。"实际上，在开始的时候，人们会感觉自己看到了夏天夜晚的天空，但不是在我们头顶上的天空，而是延伸在我们面前的天空。我们面对的是只有光的空间世界，除此之外什么都没有。这种光的空间激发我们沉浸于其中的欲望，使我们想弄清楚，光将带领我们去往何处[2]。

但是请注意！当参观者进入感知空间并沉浸其中时，这就是所谓的"超感官知觉"（Ganzfeld）。这是一片连续均匀的视觉领域，在其中已无方向的存在。参观者在几分钟之后将感到他站在一片越来越厚的迷雾之

---

[1] 这个名字是指佛教中的bardo，它的本意是指介于死后与重生的中间状态。又及，Bridget，可译作"布里奇特"，来源于凯尔特语，有"力量""活力""美德"之义，也有"尊贵、崇高之人"的含义。

[2] 特勒尔说："我的工作实际上与我们的情感特征有关，我们感受光的情感特征，因为我们能够感受光的实际存在，从而能够对其有所研究：在这种工作中，我想做的可以说是，将你如实地抛入对光的感受当中。"（德国广播文化在沃尔夫斯堡展览上的采访）

中。他发现他确实是在一片纯粹的光之领域，在这里所有空间的痕迹都被抹消了。当他认为他看到了空间的终点时，那其实只是幻象——那是一堵表面印有彩光的墙，他可以从那儿出去。

这时，经过最后的体验，我们日常的视觉经验瓦解了，随之涌现出观念的改变：那些被我们视为客观而与我们对立、限制我们行动的事物，到头来只是我们视觉的投影。我们与视觉在本质意义上是相同的，没有墙，没有限制——我们是空间中的一员，是光中的一员，是我们所处环境中的一员。

因此，特勒尔的工作提供给我们一种"神秘"的体验：沉浸于一切事物之中的体验[1]。界限与对立都不再是主要的内容，连接和相互依存成为焦点，并构成自我和世界的体验。特勒尔对于传统的人与世界、人与自然截然分开的二元论持反对态度，他说道："我们不是在自然之外的。实际上，那是我们最糟糕的幻想，即认为我们是独立于自然之外的。"[2]

我们现在简要地回顾一下。詹姆士·特勒尔的艺术作品也是试图引领我们超越人类狭隘的世界观，也就是，超越现代性的典型范式人类学范围。但是人类学自缚之茧所影响之处以及我们如何被引领进一个超人类世界的领域，这其中的方式与我们现在所讨论过的例子还是非常不同的。马列维奇和杜布菲引领我们远离人类世界以进入超人类的维度——马列维奇进入了宇宙维度中，杜布菲回到了大地上。另一方面，特勒尔在我们的感官之中发掘出一种迥然不同的世界关联：一种与现代世界观完全相反的世界关系，在其中不是一切都已被人察觉或与人有关，而是我们感受到自己沉浸于我们周围的事物之中，并感受到其中的本质与它

---

[1] 特勒尔说他试图表达一种观念——"超越经验的真实"（James Turrell, *Change of State*, Frankfurt/Main, 1991）。

[2] 特勒尔在此处提及了量子理论，完整的引言是："我的意思是，我们是这种实验的一部分。我们以无可争辩的方式进入其中。这将造成争议并将许多科学家卷入其中，但我认为它也肯定了一个事实，即我们不是在自然之外的。实际上，那是我们最糟糕的幻想，即认为我们是独立于自然之外的。"（Turrell, "Greeting the Light", l. c.）

们所来之处相同，即与光相同。

这促使我们反思现代观念对于开端的界定方式，促使我们对其实行进一步的修补，这种修补最终将使问题获得解决。

思想与美学在当代的弥补工作

假如当今思想界最新的趋势是意图超越人类学的思想形态，那么这项工作的决定性条件早已存在。在最古老的公理中，现代性思想形态所奠基的地方已经瓦解了。它包含的内容是一种假定，即人与世界在根本上是相互外在的，人与世界在根本上具有不同的本性。

这种思想形态的传统可以追溯到皮科·德拉·米兰多拉（Pico della Mirandola，1463—1494），他认为人类不像其他生物一样是一种集合成的产物，而正相反，人类是自由的，通过他们自己的判断选择，可以成为他们想成为的任何事物[1]。在 17 世纪早期，人与世界的异质性最终与笛卡尔（Descartes）信徒关于意识和物质的二元论一起成为了权威性话语。世界仅仅被看作是延展性，被看作是单纯的物质实体——广延者（res extensa）。另一方面，人类被定义为一种完全不同的主体：通过理性、思想、精神——思维者（res cogitans）。因此人类与世界彻底地分裂了。人类独立地外在于世界。

这就是为何人类学原则成为一种不可避免的趋势。假如人与世界没有共同的尺度，他就无法发觉这一点，而只能依据他自己的观念来建构[2]，因此只能知晓一个人性化的世界，为此他必然代表中心和尺度。假

---

[1] 参见 Giovanni Pico della Mirandola, *De hominis dignitate*（written in 1486 and first printed in 1496）。
[2] 参见康德的话："我们做的所有事情都是我们自己做的。"（Immanuel Kant, *Opus postumum*, ed., Eckart Förster, Cambridge: Cambridge University Press, 1993, p.189 [II:82; VIIth fascicle, sheet VII, page 2].）

如人由于其思想而根本是外在于世界的，那么他不得不从他自身中引出所有的一切。因此，人类学原则是无法避免的。

但同时，这里也非常清楚，关于人与世界在根本上分裂的假设是站不住脚的。从两方面来说都站不住脚，无论是从人作为非世界性生物来说，还是从自然的无意识性来说。

一方面，理性无疑是人类的独有特征。然而，在动物王国的其他动物身上也逐渐发现了这种品质。脊椎动物具有基本的分类归纳能力，鸽子在抽象和概括方面也具有独特的天赋，哺乳动物知道事物的持存性和多面性，黑猩猩和倭黑猩猩知晓因果关系并能理解各自物种的意向性，它们还能够在镜子中识别自己，有时甚至能够通过简单的思考来解决问题。[1] 因此，我们继承于祖先而来的灵性也在它们身上出现了。所以，理性无法证明人的非世界性，而且恰恰相反，理性正好肯定了我们与世界的相通性。

另一方面，当代科学已然证明，自我指涉和自我反思并不是自然之外的东西，它们恰恰代表了宇宙和生物演化的动力。我们的反思精神是自我指涉模型高度发展的产物，在星系的形成过程中，从生命的出现到意识和反思的高级形式的演化，这些世界进程都是由我们的反思精神决定的[2]。

因此，为这种人与世界的陈腐的现代二元论所奠基的两种假设——人是精神性的，因而是超自然的，以及自然只是无意识的——已然是过时而应被淘汰的。人确实是自然中的生物；他连同他的精神性是从地球

---

[1] 1917年，沃尔夫冈·科勒报告了他在特内里费岛的著名实验，并证实了这个情况。Wolfgang Köhler, *The Mentality of Apes*, London: Routledge, 1925. 也可参见 Konrad Lorenz, *Die Rückseite des Spiegels. Versuch einer Naturgeschichte menschlichen Erkennens*［1973］, Munich: Deutscher Taschenbuch Verlag, 1977, pp.165-167。

[2] 更多细节参见我的 *Homo mundanus—Jenseits der anthropischen Denkform der Moderne*, l. c., pp.876-886。

的生命演化中发展出来的。自然并不与精神相对立,而是关联着精神,精神甚至是自然根据自己的运行法则而发展出来的产物。简而言之:人类本质上与自然是密不可分的,自然本质上与精神是密不可分的[1]。这打开了看待人与世界关系的新窗口,这是一种连续性和相互依存性。所有与陈旧的二元论相关的观念都已经过时了。当今,人与自然的连续性已经被重视并得到了表达。这是当代思想界的工作任务。

首先,这项工作意图澄清人与自然的共通性。然后——这一步更加困难和艰辛——勾勒出我们思想和活动的众多不同方面的发展过程。我们必须重新审视所有意见和信念的储藏库,因为旧有的是基于二元论。完成了这些基础工作之后,建立在其上的大厦也要被推倒。人们必须重构和重建。传统关于自我和世界的解释的范畴是基于二元论的观念。因此部分的修改是不够的。我们要做的是根据人与自然新的共通性基础来对我们的思想范畴进行根本性的修正[2]。这里涉及的概念包括人和灵魂、人性和自然性、与动物相关的道德问题、与全球化进程中的环境政治问题,以及宗教问题——经济性还是个体性、主权和团结等等。

当今世界排外主义和异己主义盛行,人与世界或自然的共同基础被看作是基本原则。当代思想力图阐明这种趋势并从中得出必要的结论。在人与非人之间的共同基础之上,公民运动旨在转变的目标已然成熟。在日常生活中,关于陈旧的人类特权(智力、自主性等等)的观念在逐渐消逝,越来越多的变化正在涌现。每一位智能手机的使用者都已经将腐朽的二元论者远远甩在了后面:因为他知道无机的材料具有智力的潜

---

1 参考 *Natur und Geist. Über ihre evolutionäre Verhältnisbestimmung*, Berlin: Akademie, 2011——我收到的这部纪念文集由克里斯蒂安·特维斯(Christian Tewes)和克劳斯·菲韦格(Klaus Vieweg)主编。

2 参见阿诺德·柏林特《演化自然主义与二元论的终结》(Arnold Berleant, "Evolutionärer Naturalismus und das Ende des Dualismus"),引自 *Natur und Geist*, l. c., pp.21-30。柏林特一针见血地指出了要点并批判"思想中神秘主义的立场"(同上,第23页):人们在失去了他们赖以生存的基础之后仍坚守在他们的旧范畴里。

能，这些材料不再固执于人类智力的独特性，而具有连接着其他事物可能的智力——正由于这些事物，人能够更多地了解世界，能够比保守的大脑独奏家更加合宜地生活。

新范式的美学表达

当然，当代美学正是以此为其工作的新主题和新任务。艺术家已经打开了一扇门，从人类假设的独立性前往人与世界相通性的门。他们抛掉了陈旧的二元论和以此为基础的人类学世界观，转向了人与世界的多维度的相通性。他们正在寻找一种合适的方式来表达这种相通性，并从中绘制新的艺术目标和行为方式[1]。

许多当代艺术家不再将人性的独特性和异己性视为准则。他们不再认为人类是唯一独特的、与世界和自然对立的生物。因此，他们也不再创造自主性的艺术世界——即对人类特有经验的美化和复制[2]。他们期望揭示人类与其他物种和事物（既有有机体又有无机体）的共通性的本质，期望在此基础上探索新的艺术可能。艺术不再与自然对立，艺术将与自然融合。它将试图寻找连接人类与其他事物的方法和形式，使我们回归自然，回到那些非人类的伙伴和亲友之中。

音 乐

或许音乐是开拓新路径的第一种类型。可以回想一下约翰·凯奇。他早就驳斥过这种陈腐的建构和支配方式。他既不创作某种既定"主题"的作品，也不主张建构任何自主性的问题。凯奇取而代之的是创作

---

[1] 参见我的 *Ästhetische Welterfahrung: Zeitgenössische Kunst zwischen Natur und Kultur*, Munich: Fink, 2016。

[2] 参见本书第四篇《艺术与现实——分裂还是融合》。

似乎能不断自我演化发展的音乐。

人们越是听到这些音乐的连续性，就越是沉浸在它的发展过程中。这种感觉就好像是人逐渐变成了这些音乐的一部分，陷入音乐的河流并随其漂荡——不是作为一个听音乐的欣赏者，而是作为其中的一个组成元素。人们进入了一个不再相互对立而是相互依存的世界关系之中[1]。

另一个例子是当代的一些通过运算创作的音乐作品，这些作曲家将诸种演化类型的参数，例如突变、选择、环境影响、基因激活序列等等，运用在创作中。这些作品试图像活生生的生物一样通过自己的力量不断演化发展。不同的创作行为导致不同的表现（但不是像古典主义的偶然性那样根据创作者所做的决定，而是这些作品本身根据其参数的变化所产生的不同路向）。——因此文化产物和自然类型的融合在此处就非常明显了。文化的产物像是自然而生地那样演化发展。

美术绘画

绘画领域尝试着揭示和探索人与自然之间的共同根基。我这里举三个例子。

第一个例子是关于"人工生命"的理念（这也属于上文提到的音乐方式）。自然演化通过各种参数所进行的运算最终发展出了数字化的产物。自然类型又一次地为艺术创作提供了现有的模型。

另一个可能性是创造生物-文化的金字塔，在其中将难以区分人性与非人性的元素。这里的关键点在于其亲和性和不可分割性。一个有力的例证是皮埃尔·于热（Pierre Huyghe）在2012年《文献8》中的作品

---

[1] 凯奇非常严肃地阐明了他的观念："发展可能意味着支配自然，但艺术是关于倾听自然。"（引自 Richard Kostelanetz, *John Cage im Gespräch. Zu Musik, Kunst und geistigen Fragen unserer Zeit*, Cologne: DuMont, 1989, p.158.）这句话准确地区分了相互对立和相互依存的世界关系之间的差异。

《未耕种》(Untilled),他描绘了一片肥料堆,包括一只彩绘的狗、一个头部是蜂巢的雕像以及一些有毒的水果。人们很难区分在这个作品中哪里是属于这片土地的原始风景,哪里是属于艺术家的介入结果。非常明显的是,这个雕像似乎被自然和蜂巢重新建构了。

第三个例子是生物艺术[1]。生物艺术(作为人工生命的实践方式)超越了自然和艺术演化之间简单的对应关系。它毋宁可以说是结合了艺术和科学的方式创造出新的客观对象,即不单单只是艺术的对象,而且还是活生生的生命,甚至能够自我复制和繁殖的生命。

爱德华多·卡克(Eduardo Kac)在2003—2009年间创作的作品《爱德尼娅》(Edunia,图2-2)是一个例子。这是由两个不同的基因组结合而成的混合植物,其中一部分是矮牵牛花的基因组,另一部分是艺术家自己的基因,即血液中负责红色的基因——这就是为何爱德尼娅(爱德华多+矮牵牛花)长有红色的脉纹。这是"基因改造艺术"[2]的典范作品。爱德尼娅强调人性与非人性之间的连续性。实际上它结合了两者。其中不仅有一般意义上的基因共通性,而且甚至连免疫系统——即用于抵御不相关的入侵者——也具有连通和转变的可能。

爱德尼娅的出现对我们的思想和观念发出了挑战,并要求对其进行重新审视和改变。因为爱德尼娅(既是一件艺术产品,又是人工行为加上基因工程的结果)既是一件艺术作品,又是一个活生生的生物——然而这种东西却无法被我们传统的范畴所把握。

我认为当代美学应该对这种艺术趋势给予足够的重视。当代美学应该在这种艺术范式的转变中更加开放。这不仅仅为了使美学更加适合于艺术领域,而且也应将美学与当今思想所关心的问题联系起来。以这种方式,美学能够再次成为现代与未来思想界的主要话语者。

---

1 这是爱德华多·卡克在1997年提出的术语。中国在生物艺术方面的先驱是李珊。
2 这个术语也是由爱德华多·卡克在1998年提出来的。

最后声明一下：我已经解释了人与自然之间的共同根基的新视角是如何在现代性的自我修正中出现的。科学知识取代了陈腐的二元论。所以有人可能会认为这种由科学引发的新视角只是西方世界的特殊性。但实际上不是。例如，东亚思想早已意识到这一点，并且早就强调过人与自然的连续性。人与世界的共同根基不仅仅是西方的，而且是世界性的议题。如果其他文明能够在此问题上发挥自己的潜力，那再好不过了。认为人与自然的连续性会在不同文明的交往中中断的想法是十分愚蠢的。

（熊腾　译）

第三篇

"美是自由的感性显现"
——作为现代思想方式之挑战的席勒美学

简　介

对现代美学的隐含性视野：人的世界性而非无世界性

在18世纪70年代的前半段中，康德写下了一个非常有趣的句子："美的事物暗示着人适应于世界。"[1] 如果这一表述是真的，那么美学（作为对美的事物的探索）有机会获得它对现代思想的巨大重要性。对美学而言，它有潜力去应对甚至克服现代的思想所根植于的一种基本错误，那就是对在人类与世界之间存在一个不可跨越的断裂的假设。这一断裂起源于这样一个事实，即世界与人分属于两种完全不同的规定性：就世界而言的广延物（res extensa）和就人而言的广延物。

这是与早期现代思想共同发展出的一种基本的新奇感：世界不再被精神所着色，它彻底失去了思考能力且被广延、物质以及纯粹的力学规律所决定；而另一方面，人类则仍然被认为是以理性和思想作为其特征的。这就导致了所谓的人类与世界之间的基础性断裂，也就是臭名昭著

---

[1]　"Die Schöne Dinge zeigen an, dass der Mensch in die Welt passe."（Immanuel Kant, "Reflexionen zur Logik", *Akademie-Ausgabe*, Berlin: Reimer, 1914, XVI, p.127 [no.1820 a].）根据阿迪克斯（Adickes）的说法，这一思考可以追溯到1771—1772年或1773—1775年。

的"人类-世界"二元论,它对于现代思想而言是十分典型的。在一个内在的无精神的世界面前,作为在本质上是精神性存在的人类,也就只能成为一种无世界的存在。[1]

由于人与世界之间这种假定的相异性,人类被认为只能够指涉一个基于自己想象的世界而无法认识到真实的世界。人同世界的关系成为一种原则的建构而非现实的建构,只需想想康德的哲学就可以印证这一点。从那时开始,现代思想就在追求一种基本的主体论(subjectivism),不管它展现出的面孔是先验的还是历史主义的抑或是社会的。现代哲学按其从康德哲学到当代分析哲学的既定进程,将它与生俱来的主体论印记付诸了实践。

然而,现代哲学的隐秘进程同时也存在于这样一种努力之中,它试图修正并克服"人类-世界"二元论,不再去割裂人和世界的关系,而是去发展一种对人的世界性的新把握。但是在很长一段时间里,所有试图达成这一目标的尝试都遭到了失败。也许,转变只有在我们今天才能够实现。[2]

如果最开始所引用的康德的观点是正确的,美学这一具有明显的任意性的哲学学科,将会以它自己的方式处理"如何阐释人类与世界融为一体"这一极端重要的问题。这就是我下面想要通过重新审视席勒美学思想来阐明的问题。[3]

---

1 参见 *Homo mundanus-Jenseits der anthropischen Denkform der Moderne*(Weilerswist, Velbrück Wissenschaft 2012, ²2015)。这篇从前的演讲稿,我在其中给出了这个问题的全面而细致的描述。在我的 *Mensch und Welt. Eine evolutionäre Perspektive der Philosophie*(Munich: Beck, 2012)中可以找到这一演讲稿的简要版本。

2 同上。

3 这一尝试的一个主要版本参见"Schiller revisited:'Beauty is Freedom in Appearance'—Aesthetics as a Challenge to the Modern Way of Thinking",并同时出现于 *Contemporary Aesthetics*, vol.12(2014);在我的著作 *Ästhetische Welterfahrung-Zeitgenössische Kunst zwischen Natur und Kultur*(Munich: Fink, 2016),pp.49-62 中可以找到其德文版本。当前这一版本首次为我提供了关于席勒思想的完整观点。

美学的任务以及
康德如何因其主体论态度而未能实现这一任务

让我们再次考察一下康德。如我所说,前批判时期也就是18世纪70年代前期的康德已经明白,与标准的二元论不同,美作为一种现象提供了我们与自然和谐一致的明证。然而,批判时期的康德却开始详细阐述起二元论的逻辑。在他的《纯粹理性批判》(1781)当中,他展示了物质世界如何表征着一个纯粹知性原则下诸表象的严格合法的结合。在《实践理性批判》(1788)中,他解释了为何对于作为道德存在的人类而言,不是上述的自然命令而是一种完全不同的自由命令才是至关重要的。由此引出了一个重要问题,那就是这两种命令如何能够共同运作,尤其是自由的行动如何能够在一个被决定的世界中得到执行。不考虑其相异性的话,这两种命令的一致是如何可能的?

在这一问题中,现代思想的二元论表现为一种简单的形式。康德努力在他的《判断力批判》(1790)中提供一种解决问题的途径,并因此设计出这一"第三批判"来作为"调节哲学的两大部分之间的联结而使其成为一个整体"[1]。美的现象一方面是器质的,另一方面则应该使"从自然概念的领域到自由概念的领域的转变"[2]成为可能,并因此证明我们有权假设在我们的理性期望和世界的结构之间有其一致性。以这种方式,我们应该可以确保人类不是如现代思想的标准假设那样同世界根本性地不相容,而是如康德在20年之前所写的那样,毫无困难地与世界相适应。

然而,康德用以阐明美的这种功能的方式是令人遗憾的。他过重地强调了鉴赏判断的主体性(subjectivity)。强调主体性是康德哲学概念尤其是他知识论中的一个瑕疵,在这之中,所有对客观性的要求都被减少

---

[1] Immanuel Kant, *Critique of Judgment* [1790], trans., Werner S. Pluhar, Indianapolis: Hackett, 1987, p.15.
[2] Ibid., p.19.

到了实现主体需求的程度。相应地,美学中的审美愉悦同样应该仅仅产生于我们总体认识意向的实现,这一实现是为了实现想象力与知性的和谐。[1] 但是以这种方式进行论证的话,康德显然失去了他早期思索中那种对于美而言具有决定性的特点,即一种与世界相一致的经验。当美被仅仅以主体论的方式进行解释的时候,它就只允许去经验主体诸力量的一致性,而不允许去经验主体与世界之间的一致性。

总体而言,康德在认识论和美学上所缺少的,正是从反面对问题进行考察,即从我们认识图式的来源处进行考察。我们是从哪里得到这些认识图式的?它们为何以其所是的方式存在?[2] 问题的答案并不难找到。这些图式是在与世界相一致的演化过程中得到其发展的。因此,在这些图式和世界的结构之间存在着一种契合,而这也就是为什么我们的先验范畴能够与现实相符合,并且也是为什么同样基于这些图式的美,能让我们经验到"我们与世界相一致"。

批判时期的康德没有注意到我们这些基本图式的世界性来源,他没能将美解释为一种对人与世界相符合的证明。因此,《判断力批判》在其被完成的同时,并没有实现它意图去实现的事:展示人和世界之间的一致性。

如我所言,主体论(subjectivism)是康德哲学的一个总体上的关键点。但是康德的后继者们起初却把这种主体论看作是一项成就而非问题。尤其在费希特(Fichte)和早期浪漫派那里,他们甚至进一步发挥了这种主体论的观点。

仅有少数思想者反对这一主体论的倾向,他们认为主体论最多只能构成真理的一半。黑格尔(Hegel)就是这其中的典范,他将以康德为

---

[1] Immanuel Kant, *Critique of Judgment* [1790], trans., Werner S. Pluhar, Indianapolis: Hackett, 1987, p.62 [B 29, §9].
[2] 关于康德在这些问题上的极度踌躇,参见我的 *Homo mundanus*, l. c., pp.667–670。

开端的主体性观念论斥为是"平面的""愚蠢的"甚至是"庸俗的"观念论[1]。黑格尔的全部努力就是去超越康德的这种"近代的坏观念论"[2]。与黑格尔相类似，歌德在其晚年悲叹道："我与我的整个时代相背离，这个时代完全走上了一个主体性的方向，在其中我和我的客观的诉求完全处于不利的地位和孤立之中。"[3]

席勒：美与自由

现在让我们转向席勒。席勒同样也对康德的主体论感到不安。他坚持美的客观性。席勒尝试证明美的客观性的方式十分有趣，那就是，将美与自由联结起来。席勒有一个著名原则：美是"自由的显现"。如果这一原则站得住脚的话，我们就可以提前宣告《判断力批判》所面对的问题已经被解决了。这是因为，如果美是自由之显现的话，那么一个产生了美的自然本身必定已经包含了自由。因此，人类自由在自然中的实现便完全不再是一个问题，相反，自由代表了客观世界和人类之间的一个持续作用着的要素。

现在让我们详细地看看席勒如何使这成为可能。我参考了席勒在1793年写给他的朋友戈弗雷德·屈尔纳（Gottfried Körner）的一些信件，席勒给

1　Georg Wilhelm Friedrich Hegel, *Enzyklopädie der philosophischen Wissenschaften im Grundrisse I*［1830］, *Werke*, vol.8, Frankfurt/Main: Suhrkamp, 1986, p.123［§46］; Hegel, *Vorlesungen über die Geschichte der Philosophie III*, *Werke*, vol.20, Frankfurt/Main: Suhrkamp, 1986, p.385; Hegel, *Vorlesungen über die Philosophie der Religion II*, *Werke*, vol.17, Frankfurt/Main: Suhrkamp, 1986, p.445.

2　Hegel, *Vorlesungen über die Geschichte der Philosophie I*, *Werke*, vol.18, Frankfurt/Main: Suhrkamp, 1986, p.405; cf. ibid., p.440.

3　Johann Wolfgang Goethe, *Sämtliche Werke nach Epochen seines Schaffens*, Münchner Ausgabe, eds., Karl Richter et al., vol.19: *Johann Peter Eckermann, Gespräche mit Goethe in den letzten Jahren seines Lebens*, ed., Heinz Schlaffer, Munich: Hanser, 1986, p.101［April 14th, 1824］.

这些信件所起的标题是《卡里阿斯书信》[1]。在我看来，这些信件是极其重要的，它们比出版于 1795 年的更加闻名的《审美教育书简》[2] 还要重要。

规律性、自由与美

首先，在这些信件中，席勒指出，如果自然事物的构造是基于某种规律的话，那么我们就将其经验为美的。举例来说，当观察一片树叶的时候，我们得到了这样一种印象，即树叶形状不一的各部分的确通过遵循某种规律而达成其艺术性的排列[3]。如果这样的有序性消失了，我们就不再能够将树叶判断为是美的了。所以美的经验是基于对规律性的印象。

其次，规律必不能从外部强加于客体之上，而只能来源于客体自身，它是"客体加于其自身"[4]的规律。人必须有这样的印象，即规律与其相应的结构"自由地从事物自身飞出"[5]。换言之，客体必须显现为自主的、自由的[6]。

如果两个条件都得到满足，也就是，如果我们在遵循物体自身规律

---

1 对于席勒文本的英译本，除了我自己翻译的之外，我总是使用 William F. Wertz, Jr. 的选集（published in *Fidelio*, vol.I, no.4, winter, 1992）如下的德文版本："Kallias oder Über die Schönheit. Briefe an Gottfried Körner", 收入 Friedrich Schiller, *Sämtliche Werke*, vol.5, eds., Gerhard Fricke and Herbert G. Göpfert, Munich: Hanser, [6]1980), pp.394–433。

2 不幸的是，《卡里阿斯书信》仅在 1847 年出版过。这就是为什么通常对席勒美学的审视大多都主要受到由席勒 1795 年在自己的刊物 *Die Horen* 中出版发行的《审美教育书简》的影响。起初，早在 1793 年，席勒就已经写下了这些书信，但它们被意外烧毁了。当席勒在 1795 年重新写下它们时，他做出了大量的改动。这些比《卡里阿斯书信》占更重要地位的书信在整个席勒美学中显得非常令人遗憾。而《卡里阿斯书信》则的确非常具有先锋性，席勒在重写《审美教育书简》的时候则越来越步入迷途，并最后以完全无法令人满意的结果结束。

3 参见 Friedrich Schiller, "Kallias oder Über die Schönheit. Briefe an Gottfried Körner", l. c., p.410 [Letter from February 23th, 1793]。

4 Ibid., p.417.

5 Ibid., p.419.

6 由物体的组成所引起的印象，遵循一种自我形成的规律，这一规律"十分必要地"导向"永恒决定的观念，也就是自由"(ibid., p.410)。物体"迫使"我们"被其未被外界决定的特征所吸引"(ibid., p.409)。

的同时感知物体，那么我们就将其经验为美的。所以对于美的经验表达了自由。美是自由的一种密码[1]。这就是为什么席勒将美定义为"自由的显现"[2]。这一原则没有限制性的含义，席勒不想（像康德那样）说，在美的问题上自由仅仅以一种现象的不恰当的形式出现（然而，自由按其本质是某种易于理解的东西）。相反，席勒想要表达的是，自由实际上是绽出的，是展露的，是自身显现的，是渐趋明显的。美是人们经由感知而对自由做出的真实经验[3]。

客观性

席勒将对美的感知解释为自由，这一点非常重要。与康德相反，席勒的这种解释保证了美的客观性。美的客观性建基于这样一个事实，那就是，规律性作为自由的证明和美的原因，是客体自身的一种客观性特质，而不论我们是否感知到了它[4]。正因如此，规律性是一种独立于主体的、真正客观的特质。

自由无处不在：
"在审美世界中每个自然存在物都是自由的公民"

席勒在此采用了两种方式。首先，他将美的经验揭示为自由的经

---

[1] "……这客观的特质使事物能够显现为自由，准确来说这种特质就是：当在场时，它们为自身提供美；当不在场时，则摧毁它们的美。"（Friedrich Schiller, "Kallias oder Über die Schönheit. Briefe an Gottfried Körner", 1. c., p.408.）

[2] "所以，美不过是看起来自由"（ibid., p.400 [Letter from February 8th, 1793]）; "美的原因是在每一处都看起来自由"（ibid., p.411 [Letter from February 23rd, 1793]）。

[3] 对于席勒而言（对于康德也如此），最为首要的是自然美而不是艺术美。后者"需要它自己的章节"（ibid., p.416）。

[4] 席勒强调说："我把这自然和这美的和谐归为物体的客观特征；因为它们保持着它们的状态，即便那表象着的主体是完全抽象的。两种自然存在之间的区别即便在下判断的主体完全停滞时仍然得以保持。关于这两种自然存在，一种是整全的状态，它展示了一种对杂多生命力量的完美掌控；而另一种则被其杂多所征服。"（Ibid., pp.416—417.）

验。我们称那些客体是美的，因为它们展现了自由。其次，他将自由这一特征从人的范围转换到了自然界中，并将自由看作是已经发生于自然界之中了。由此，美的经验引领我们超越人的领域，自由由此不再仅仅是人类世界的现象而同样是自然界中的现象。席勒发展了一种关于自由的总体存在论，其中不仅包含人类行动的范围，而且也包含事物的领域；不仅包含文明的实体，也包含着自然的实体。

让我们引用一段重要段落："美，或不如说品位，涉及所有在其自身终结的事物，并且绝不容忍被当作服务于他者的工具或受到束缚。在审美的世界里，每个自然存在都是其自由的公民，它们拥有与最高贵者同样的权利，甚至不能被以整全的名义相逼迫，但它们却一定会赞同任何事物。"[1]

席勒正是这样暗示了一种对自由的扩展。他使自由扩大到人类道德之外从而出现在自然和工艺品之中。人将会审美地发现自由无处不在，"品位将把所有事物当作是其自身终结的"[2]。自然的整体是一个自由的领域，并且它遵循着这一绝对的表述："自然中每个美的造物"都是"一个幸福的公民，他向我喊道：'像我一样自由吧。'"[3]

自由在成为人的特性之前已经是自然的现象了。因此，每个自然的存在都将被认识并被尊崇为"自由的公民"。人与自然之间的差异不是自由与非自由之间的差异，因为人与自然都拥有着自由。严格来说，一

---

1 Friedrich Schiller, "Kallias oder Über die Schönheit. Briefe an Gottfried Körner", l. c., p.421. 席勒继续写道："在迥异于完美的柏拉图式共和国的美学世界中，即便是我身上所穿的短上衣也需要我对其自由的尊重，并且像一个害羞的仆人一样希望我不要让任何人知道它服务于我。然而出于那个原因，它相应地向我许诺会审慎地行使它的自由以使我不因其遭受任何苦难；当我们俩都信守诺言的时候，整个世界都会认为我穿着漂亮。另一方面，如果这件上衣过于紧绷，那么我和这件上衣就都失去了自由。由于这一原因，过紧和过松的衣物都不美；因为它们都没有考虑到自己限制了行动的自由，所以包裹在过紧衣服中的身体只能以衣服为代价展示其形态。而在穿着宽松衣物的情况下，衣服则隐藏了身体的形态，由此衣服以自己的形态将自身膨胀起来，并将它的主人仅仅贬抑成一个背负者。"(Ibid.)

2 Ibid.

3 Ibid., p.425.

切都可以被视为是自由的例证。这里的自由不是人的特权而是既成的自然的事实。这就是那些经验所发现并强烈建议我们去重视的东西。

在《卡里阿斯书信》中，席勒美学的一个完全不同寻常的特质是，席勒甚至把因其自由品质而存在的自然美看作是人类的一种典范。如果我没有弄错的话，这一特质也是常常受到低估和忽视的。这也就是《卡里阿斯书信》的中心思想：我们人类应该在未来变得如自然物一样自由。自由最初的来源不是人类世界而是自然。在自然中，许多事物早已是自由的了，而其时我们人类却还没有成为自由的存在。这实际上是我们可以从自然中学习的。自由直接地邀请我们变得自由，自然指向我们，它本身是对自由的永久呼唤。让我们再一次引用那个关键的句子："自然中每个美的造物"都是"一个幸福的公民，他向我喊道：'像我一样自由吧。'"[1]

席勒的上述观点是极不寻常的。这不仅是因为这一观点已经将自由给予了自然，而且因为它将自然中的自由看作是一种典范和对人类自由的呼唤。自由不源于人，而源于自然。正是自然，而非哲学家、政客或幻想者，告诫着我们应去成为自由的存在。

审美的幻象还是现实的自由？

为了总结对席勒美学的阐述，我想提出两个密切关联着的问题。（1）与《审美教育书简》相比，《卡里阿斯书信》中所提出的关于自由的哲学看起来究竟是什么样子？（2）席勒是否真的把自由当作自然物的客观性质（或仅指自然中美的事物的性质），他是否把实际上不具自由特质的自然物当作一种自由的象征形象？《卡里阿斯书信》中所描绘的"品位的王国"[2]最终是否仅仅是一个幻象的国度，就像他在《审美教育书

---

[1] Friedrich Schiller, "Kallias oder Über die Schönheit. Briefe an Gottfried Körner", 1. c., p.425.
[2] Ibid., p.420.

简》中所宣称的"审美国度"[1]一样？

这两个概念之间的差别是巨大的。在《卡里阿斯书信》中，席勒没有像《审美教育书简》中那样把他自己限制在人类世界和某个"极小的圈子"[2]之内。相反，他准确地指出自由所存在的范围超出了人类的领域。最重要的是，他所理解和建议的自由不仅仅是一种显现或一种有规律的观念之类的东西，他的意思并不是人们应该只把自然物这些事实上不是自由的形式的东西看作是自由的形式。相反，席勒确信，美的自然物实际上是自由的一个范例。

对席勒的评价

现在让我们来评价一下席勒的态度，他的观点是否站得住脚？

"自 由"

第一个问题是关于席勒对自由的理解的。他认为自由存在于由一个自身施加的规则所产生的自然物的形态之中。树叶就是这样一个例子。但是，席勒所坚持的观点，即就自然之美而言，客体的自我活动对于其形态是一种决定性的因素，这是否是准确的呢？

美的自然物的形态仅仅是由这样的内在运动决定的，这样的说法无疑是夸大其词。毫无疑问，外部诸因素，比如环境条件，同样在起作用。但是关键之处在于，存在着一种相互影响，事物适合的形态正参与其中。一棵长得优美的树一定也是幸运的，因为它从土壤中得到了足够的养料，它没有被风吹得倾斜，并且其他树木给它的生长留下了足够的

---

[1] Friedrich Schiller, *On the Aesthetic Education of Man in a Series of Letters*, trans., R. Snell, Bristol: Thoemmes, 1994, 27th Letter, p.137.

[2] Ibid., 27th Letter, p.140.

空间和光线。

但是，最终造就它的并非只有这些条件，它自己对于如其自然本性（或者用一个更为现代的术语来说：基因）所描绘的那样去发展的渴望，使它去与外界环境的诸条件相合作。因此，一棵长得优美的树同时也是它自身能力的产物。

有人可能会提出反对：正如树木的自我形成被它的基因所操控一样，树木相应地也服从于一种内在的而非外在的命令，这种命令就是物种的命令，它以树的基因的方式产生作用。所以，树的形成不是个体创造性意志的结果，而是物种的总体命令的结果。也就是说，这一范围内不存在真正的自我运动，因此在这一过程中也不存在自由。

但是首先，物种的基因组在漫长的演化过程中完成了其发展，而这一演化过程本身包含着自由的要素。当今被以遗传学方式固定下来的诸规律实际仍然是自我产生的：物种为了与外部环境相协调而发展了它们。从这一角度看来，基因同样也是自由的沉积。其次，对同一物种下的个体而言，相同的基因组被以不同的方式置入生命体之中。基因表达同样包含着许多自由的时刻。两棵树可能有着同样的基因组，但是在它们各自的生长过程中某些差异却会从其中产生。由此可见，席勒将自由归于有机存在物是相当正确的[1]。

是否所有自然物都是美的？

但是这又直接导致了另一个问题。席勒对于自由的看法可以适用于所有有机存在物，但是以我们的经验，这其中只有一部分是美的。如果我们对于美的感觉是如席勒所言那样在总体上由对自我形成的知觉所引

---

[1] 同样，亚里士多德也在阐述自然的时候强调了自然事物（不仅是有机物，甚至还包括无机物）遵循着内在的规则，并且不是简单地被外在压力所左右。关于这一问题，参见我的 *Der Philosoph. Die Gedankenwelt des Aristoteles*, Munich: Fink, 2012, pp.141–143。

发，那么我们将不得不把每一个有机实体都经验为美的。但事实上我们并未如此。

在我看来，对这一反驳最佳的回答是这样的。席勒设想了一种美的类型（且只设想了这样一种类型），它本质上是自由的指示物。而席勒所追寻的是根本上的自由。当他将目光投向自然，他起初不是在寻找美，而是在寻找自由的指示物。他发现这样的自由的标记随处可见。进一步，由于"美"只是自由的一种代码，他发现了美也是随处可见的。对席勒而言，最重要的是发现自由，而每当他发现自由时，他就会谈到美。这就是为何席勒会把一片巨浪认作美的而其他人则可能将其视为恐怖的（因为巨浪是自我行动并面向自我的，它是自由的一种现象）。人们可能将此评价为是片面之词甚至是一种个人嗜好，但让我们同样牢记，正如维特根斯坦（Wittgenstein）经常指出的那样，美的概念和美的感觉本身不是固定的，而是随文化和历史的不同而变化着的[1]。席勒本人生活在自由发生变革的时代，起初他对法国大革命充满热情[2]，他仅仅是到处寻觅自由并以"美"来作为自由的代码。因此，他为了达成自身一致性，必须真正地将任何展现了自我形成的有机形态都看作是美的[3]。这着实是一种评估美的非常特殊的路径，但它同时也是非常容易理解的。例如，许多生物学家会将那些普通人认为丑陋的生物看作是美的。普通人关注的是外表，而生物学家则基于他们独特的知识，关注着这种生物

---

1 这里只引用两端话语："描述一系列的美学规则意味着描述一个时期的文化。"（Ludwig Wittgenstein, *Lectures and Conversations on Aesthetics, Psychology, and Religious Belief*, ed., Cyril Barrett, Oxford: Basil Blackwell, 1966, p.8, n.3.）"不同的时代有着截然不同的游戏。"（Ibid., p.8.）

2 1792年，法国国民议会甚至授予席勒"荣誉公民"的称号。

3 同样，他对工艺品的美学描述也受到自由观点的支配。当一件上衣既具有又代表自由的时候，如我们所见，它就是审美意义上合适的。

令人惊奇而又朴素的结构与机制[1]。所以，某些事物在自我形成的角度上看来可以是美的，而在世俗的角度上看则不是美的。

自然中的自我组织的自由

席勒建议，我们可以从自然界任何地方发现自由的要素，并因此把自然物当作自由的公民来看待，这样的做法是否显得过火？现代科学在很大程度上证实了席勒是对的。现代科学指出，在诸多层面上自然都显示出自由的特质。这一点在微观层面最广为人知：量子世界并非确定性的，它展示了自发的行动。而这在宏观层面也同样适用。自我参照和自我组织，作为发生于物质世界中的自由的基础形式，是根据自然物促进自身有序结构发展的最基本的原则，从银河系到有机物再到社会结构，这一原则都是适用的。因此，自由是自然中一个基础而普遍的原则，它关涉着宇宙、生命以及文明的演进[2]。席勒关于自由已经在自然中起作用的叙述是十分正确的。

更进一步，席勒关于自然的自由在美中得以表达的理论，也能从现代科学中获得支撑。科学家们已经发现美的诸重要类型都建基于这样一个事实，即它们所涉及的实体都通过对自我组织的处理而成为了稳定的形态[3]。遵从黄金角度的生长图式就是这样的例子，比如松果的鳞片或向

---

1 亚里士多德的论述："甚至那些很难使我们感觉得到愉悦的存在物中，那一产生了它们的自然也给了它们难以置信的愉悦，只有人们能够追溯其原因才能因此作为自然的学徒而觉察到它们。"(Aristoteles, *De partibus animalium* I 4, p.645, a.7–10.)"人们不应孩子气地拒绝对那些被低估的动物进行考察。因为奇迹隐含在所有自然的事物中。"(同上，p.645, a.14–17。)

2 演化在原则上不是具备确定性的，但确实是一个隐含着自由的过程。它从多种多样的分化和自我参照模式中寻找或开辟自己的道路。最终，我们今天所熟知的自然法则甚至可能不再是由于普遍的有效性，而是由于我们宇宙演化而产生（参见我的 *Homo mundanus*, l. c., pp.855–857 ）。

3 参见我的论文 "On the Universal Appreciation of Beauty", *International Yearbook of Aesthetics*, vol.12, 2008, pp.6–32。

日葵的种子、孔雀尾巴上斑点的分布或贝壳的结构[1]（图3-1）。在这些例子中，我们关于美的感觉响应着一种自我相似性，这一自我相似性来自于反馈的过程并因此成为自我组织的发现者。所以，席勒的理论被现代科学所证实；在诸多情况下，美都是自我组织的结果[2]。

总的来说，席勒不仅在宣称自由已经在自然中有其作用[3]这一点上是正确的，他同样正确地在证明了这样一个事实，那就是审美的感觉可以起到路标的作用。

席勒的美学概念超越了现代二元论的思考方式

让我们最终回到起初的研究上来。美学有能力更正现代思考方式的这一基本错误，即人类与世界的严格对立。它产生于一种人与世界之间据说是基础性的存在论的差异。与此同时，我们也看到了席勒美学如何为此提供一种解决途径。席勒美学揭示出，自然并非单纯确定的，相反，在自然中包含着自由的现象，因此，自然不是对自由领域的断然反

---

1 参见 Friedrich Cramer, *Chaos und Ordnung: Die komplexe Struktur des Lebendigen*, Stuttgart: Deutsche Verlags-Anstalt, 1989, pp.195-202；以及 Friedrich Cramer and Wolfgang Kaempfer, *Die Natur der Schönheit: Zur Dynamik der schönen Formen*, Frankfurt/Main: Insel, 1992, pp.264-283。

2 在这一段文章中，席勒清楚地指出，表面上看起来纯粹的审美范畴只有作为自然图式结构的范畴时才能够有明确的意义。"便利、秩序、比例、完美——人们长期以来坚信已经从这些品质中找到了美，但实际上美与它们毫不相干。相反，秩序、比例等等恰恰属于事物的自然本性，正如在所有有机物的例子中那样，它们是无懈可击的，这并非因为它们自身的原因，而是因为它们与事物的自然本性是不可分离的。某种对比例的野蛮违背是丑的，但绝不是因为对比例的知觉本身是美的，而是因为它违背了指向着他律性的自然本身。"（Schiller, "Kallias oder Über die Schönheit", l. c., pp.419 f. [Letter from February 23th, 1793]）

3 从浪漫主义时期到当代哲学家约翰·麦克道威尔（John McDowell），在整个现代的早期至晚期，经历了对自然的机械论的降格之后，我们需要一种"对自然的复魅"。只有这样，精神与自然才能够再度统一。这一复魅曾被寄希望于宗教、哲学、文学以及新神话。但是它始终没能出现。因此人们当前仍在抱怨这一迫切之需未得到满足，而且人们依然陷入于这一由来已久的困境当中。但是那样说的人一定在最近科学取得其洞见时睡过去了。只有这样才可以解释他为何忽视了这种业已发生许久的复魅，他指望着所有的事物却忽视了一件，那就是当代的科学。当代科学给予我们一个复魅的极佳等价物，那就是一种对自然的科学审视，它给予万物一种可能性，借此人们有希望超越旧的机械论和二元论。

对，而是向其敞开着的[1]。也正是从这一意义上来说，席勒美学克服了上述的那种现代二元论。

席勒从美学角度出发勾勒出了一种自由的一元论以取代现代的二元论。如果世界已经具有了自由的一面，那么人就必不能作为外来者征服世界。但是人却可以如席勒所说的那样，作为世界的栖居者或公民去迎接、去尊重同样作为世界之栖居者与公民的自然万物，人甚至还可以倾听它们"像我一样自由吧"的呼唤。由此可见，人与世界的对立已经被克服了，我们人类可以同自然中的诸存在者共同前行。

（毕聪正　译）

---

[1] 如果康德以这种方式理解自然，他就可以省去第三批判了。

第四篇

艺术与现实
——分裂还是融合

这一篇处理的问题是对人与世界关系的反思。在此，我所坚持的二者之间的一种非对立的关系[1]，是否也能被应用于艺术与现实的关系之上？艺术是否也能与现实相联系而非与现实相对立？

人与世界：一种包含而非对立的关系

我们人类不是这世界上唯一的存在，我们处于并主动参与到世界的一系列进程之中。事实上，不是只有人类参与到世界之中，严格来说，这一境况对任何事物都是适用的。每一实体在世界中都不仅仅是一个存在者，而同时也是世界的参与者和共同设计者。对任何物体来说，例如一个塑料瓶，这一事实都是非常清楚的。这样一个瓶子存在的全部事实都是由于世界的诸多变化：对我们获得的每一个塑料瓶而言，它都必须获得原料并经历生产加工的过程。而与此同时，这只瓶子又将会持续地影响着世界，比如就其很棘手的回收问题而言。所以，即便是像一只瓶

---

1 参见 *Immer nur der Mensch? Entwürfe zu einer anderen Anthropologie,* Berlin: Akademie, 2011; *Homo mundanus—Jenseits der anthropischen Denkform der Moderne,* Weilerswist: Velbrück, 2012, ²2015; *Mensch und Welt—Philosophie in evolutionärer Perspektive,* Munich: Beck, 2012。

子这样简单的物体，也与世界之间有着比人们通常所相信的更多的关联与影响。

设想一个与你有着同样生活环境的年轻学者：他与你有着一样的家庭关系、朋友和配偶。这些关系是现实的一部分，并且不论你做了什么，都会对现实产生影响。这对一个人的学术工作同样适用。一方面，他依靠他人的成就生活，并因此得以与以前很长一段时间内的智识成就取得联结；另一方面，他也的确以自己的事业向学术领域产生着自己的影响。举例来说，一个人可以通过自己的卓越努力使他的同行们获得的机会最小化，或者如果他获得了教授职位，他就有机会去提升那些不那么优秀的学生。无论如何，他都不仅仅是一个轮子，而是他学术事业的驾驭者。最后，想象那些提出了非常成功且影响巨大的理论的人们，他们的履历（或那些与此相关者的履历）将会与那些没能提出过重要理论的人们完全不同。从这一意义上说，我们都不是纯然独立的事件，而是现实的参与者与共同设计者[1]。

很长一段时间以来，具有艺术才能的人们已经清楚地认识到我们人类对于世界乃是栖居者而绝非陌生人，我们连同我们全部的零件都归属于这个世界并影响着它（不论是以庸常的还是高度艺术化的方式）。我只提莱昂纳多·达·芬奇（Leonardo da Vinci）、塞尚（Cézanne）和里尔克（Rilke）为例即可[2]。此外，人们可能还会想起那个关于一位走进他自己作品中的画家的中国传说。在这个传说中，一种通常被认为是理所当然的间隔被推翻了，然而这个例子所讲述的不是人与世界而是艺术家与

---

[1] 这一问题主要由怀特海（Alfred North Whitehead）在 *Process and Reality: An Essay in Cosmology* (New York: Macmillan Company, 1929) 中加以阐释。

[2] 参见 *Homo mundanus*, l. c., pp.562-575。

作品[1]。

在当代美学与艺术中，最近产生的一种对人与自然间普遍的基础洞见常常可以构成一个起点。人们尝试去表达这种共性，或是以此作为研究的依据。正如在人类学中，人不再被看作是处在世界或自然的对立面上，换言之，不再有一种人类学意义上的差异或一种人类的他异性与排他性被定义为指导性的原则。艺术家们越来越不主张一种对立于世界的自主性创造，也越来越不主张去为了某种自我封闭的艺术世界而创作。相反，他们开始寻找一种能把人类同周围其他存在者联结起来的艺术方式，寻找能将我们与自然的同伴关系重新恢复的艺术方式，寻找创作出与现实相交织、相融合的艺术作品的方式[2]。

如何通过艺术手段实现包含而非对立？

但是这样一种关系如何能被实现？艺术如何能够不对立于现实而是成为现实的一部分？这种艺术与现实之间综合的关系将会是什么样子呢？人们如何实现——注意这里是实现而非表现——这种取代了对立的包含呢？

---

1 这个中国传说讲述了这样一个故事：一位已经在一幅画上花费了很长时间的画家因这幅作品变得又老又孤独。在最终完成他的作品之后，他请来了他仅存的几个朋友。朋友们欣赏、讨论着这幅神秘的画。在这幅画中，草地中间一条狭窄的小路通向山顶的房子。当朋友们都得出了对这幅画的评价并想要把他们的想法告诉画家的时候，他们却再也找不到那个画家了。最终，他们在画中发现了他，他正走上山顶，在打开房屋的大门之前再一次转身向他的朋友们致意，随后就走进房子关上了房门。（参见 Shieh Jhy-Wey, "Grenze wegen Öffnung geschlossen. Zur Legende vom chinesischen Maler, der in seinem Bild verschwindet", 收入 *Zeichen lesen—Lese-Zeichen. Kultursemiotische Vergleiche von Leseweisen in Deutschland und China*, eds., Jürgen Wertheimer & Susanne Göße, Tübingen: Stauffenberg, 1999, pp.201-225。）这个故事不是关于艺术进入到现实而是关于一种相反的运动：艺术的表现突然之间变成了现实。我把对此更详尽的解释提供在 "Wie die Kunst über die Enge der menschlichen Welt hinausführt—Auf dem Weg zu einer transhumanen Sichtweise", 收入 *Blickwechsel—Neue Wege der Ästhetik*, Stuttgart: Reclam, 2012, pp.135-170, 这里引自第 164—169 页。

2 参见前三篇的内容。

距离，作为一种审美差异

这种计划看起来与审美差异（aesthetic difference）这一基本的艺术特质严格地对立着。审美差异就是艺术在现实面前所产生的特殊性。对于艺术作品而言，这种独特性是本质意义上的。审美差异将艺术的特征完全描绘出来，例如在视觉艺术中的表象主义（representationalism）和虚构主义（fictionalism）。

表象主义以艺术为中介来表象现实。但是这种艺术的再现不能只作为对其现实所涉之物的简单重复，否则就无法得到一件艺术作品，而只能得到现实的一副标本。因此，这样的再现能被辨别为一件艺术的实例，而不是简单地被视为对现实领域的复制，这就显得非常重要。就此程度而言，即便其取向是表象性的，审美差异依然是本质的。好的模仿恰以这样一个事实为特征，那就是它不会简单地表现其所是的现实，而是表现它本质上是如何的，并是以何种样态激发起人们独特的审美兴趣的[1]。另一方面，虚构主义则从开端处解释了审美差异，它不力求表现我们所熟知的世界，而是试图创造一个独有的世界或相反的世界。所以，上述两种努力都坚持艺术与现实是不同的。审美差异依属于艺术的存在理由。

审美差异的不确定性

另一方面，这种差异同样也受到了威胁，这威胁不仅是来自外部的，也有来自其内部的。

在表象主义当中，有一种观念认为艺术作品应该同现实准确相符，应是其现实对应物的分散图像，并最终应是一个再现性的典范。这种观

---

1 参见 Aristotle, *Poetics*, chap. 9 & 25。就绘画而言，亚里士多德写道："如果不可能存在像宙克西斯笔下所画那样的人，那就意味着他把笔下的人物画得比现实更好，这就是说典范必须超越现实。"（1461, b, pp.12 f.）

念已经被宙克西斯（Zeuxis）和帕拉修斯（Parrhasios）的掌故所印证。根据这些故事，对审美差异的废除是艺术作品成功的证明。当只有鸟类可以给出艺术作品以真实性的证明的时候，这种证明就是不充分的。艺术作品真实性的证明必须来自于人类，或者说是来自作为人类之中最为出色、最具技巧的宙克西斯[1]。审美差异的问题伴随着各种各样的现实主义，直到现代，像勒内·马格里特（René Magritte）或马克·坦西（Mark Tansey）这样的艺术家才以多种方式应对这一问题。

反过来，虚构主义也同样无法摆脱现实。虽然现实是表象主义所珍视的典范，它在虚构主义这里却代表了一种令人厌倦的残余。这是因为，虽然虚构主义所有令人难以置信的世界与相反世界都被从与之相似的现实中取消了，现实却依然渗透其中。虚构主义的作品改变现实的元素或结构，却因此充满了对现实的回忆与负担。因此，许多现代画家对他们是抽象地作画还是形象地作画这一问题感到厌倦；非常明显的一点是，对于这些画家来说所有他们所得到的抽象图像都被具象的元素和图式所贯穿。康定斯基（Kandinsky）、克利（Klee）和毕加索（Picasso）都已经指出过这一点。

所以，第一点，审美的差别，也就是艺术作品和现实之间的差别，对于艺术是本质性的。而第二点，如我所说的那样，这种差异又是极不稳定的，它是一个脆弱而不坚固的特质。

---

1 "宙克西斯画葡萄，麻雀就飞过来啄画上的葡萄。帕拉修斯请宙克西斯陪他去自己的画室，以向宙克西斯证明自己也可以做到同样的事情。到达画室之后，宙克西斯请帕拉修斯将挡住画布的帘幕推到一边。但是那帘幕其实是画出来的。宙克西斯明白了帕拉修斯超过自己的地方：我欺骗了麻雀，而你欺骗了我。"（Ernst Kris & Otto Kurz, *Die Legende vom Künstler* [1934], Frankfurt/Main: Suhrkamp, 1980, p.90 [Source: Pliny, *Natural History*, XXXV].) 这一典型的消极版本，也就是对审美差异的直接否定，可以在柏拉图那里发现。柏拉图因为幻象被当真而谴责艺术（*Politeia* X）。同样，帕斯卡尔也责怪艺术道："绘画中存在着一种虚荣，它通过描绘那些我们原本根本不会去羡慕的事物来引起我们的羡慕。"（Pascal, "Pensées", 收入 *Œuvres complètes*, ed., Louis Lafuma, Paris: Éditions du Seuil, 1963, p.504 [40].)

除此之外，每一件艺术作品同时也是现实世界中一个真实的物体。从这一意义上来说，艺术作品可能与其他现实的元素更为不同。如果审美差异真如阿瑟·丹托（Arthur C. Danto）所坚持的那样，不是艺术作品的一个客观属性而仅是我们态度中的一个要素的话[1]，那么美学的地位不能被以将艺术对象视为客观对象的方式得到确认，因而它不能被客观地决定而只能被主观地决定。

小　结

我们提前解释如此之多的难点，以阐释关于不要让艺术进入与现实相对立的关系之中的论题。这样一种对立看起来是属于审美差异，亦即属于艺术的存在理由。艺术必须将它自己从现实中区分出来，否则就不能称其为艺术。一种不与现实对立的关系看起来是不可能的。

或者，像我之前所提到过的那样，艺术同现实之间的隐藏关系，真的为我们从对立于现实的关系走入与之融合的关系这一尝试提供了激励？它们是否为艺术的这一转变提供了基础？

融合而非对立的艺术诸版本

但是这样一种融合如何被实现？艺术作品如何可能不站在现实的对立面（就像海岛那样，处于现实的海洋中央，展现出一种截然不同的存在论），而是融合进现实之中呢？

现实自身进入艺术并产生艺术
（阿尔伯蒂、海克尔、达尔文）

首先我们有一个简单的答案。如果现实自身产生了艺术或者类似于

---

[1] 参见 Arthur C. Danto, *The Transfiguration of the Commonplace. A Philosophy of Art*, Cambridge: Harvard University Press, 1981。

艺术的物品，那么现实与艺术之间也就理所当然地存在其连续性而非对立性。

这一理念的一个广为人知的例子是关于莱昂·巴蒂斯塔·阿尔伯蒂（Leone Battista Alberti）的艺术起源理论。阿尔伯蒂指出，自然有时候产生表象（比如人们有时能从大理石的断点中看到半人马或国王们长着胡子的面孔），并且对这种现象的观察引发了绘画和雕刻[1]。在这里，人工物最初就是自然本身的一个瞬间。这仅仅发生在人类艺术较晚的阶段，这一阶段本身就受到上述自然的艺术所激发，才可能会面对现实。

这一主题的另一个版本是，当科学家们指出自然本身产生了艺术中的美的结构之时，自然也就产生了艺术的外观。例如恩斯特·海克尔（Ernst Haeckel）的《自然的艺术形式》（*Art Forms of Nature*）一书[2]，它影响了近来产生的艺术（奥布里斯特[Obrist]、奥布里希[Olbrich]、恩德尔[Endell]、蒂法尼[Tiffany]），并尤其影响了勒内·比奈特（René Binet）为1900年巴黎世博会所创作的入口亭。

海克尔的一个有趣的观点是，自然虽不是首先激励人们进行艺术创作，但是自然自己通过其艺术性的产物而向前演化，进而可以说，艺术的形式与产物是现实本身的一种实现方式与组成部分。因此，后来被视为人类领域特征的现实与艺术之间的差异，要么被自然所包围，要么从一开始就不存在。艺术是自然，因此也就是现实自身的一种策略。艺术从最初起就不是与现实对立的，而是包含于现实之中的。

查尔斯·达尔文（Charles Darwin）在他的艺术起源理论中持类似的观点。对达尔文来说，自然自行产生出惊人的美的结构，这当然不是一个问题。但是在他看来，自然实际上做了更多。它同时也生成了审美的态度、

1　Leone Battista Alberti, *Della Pictura libri tre*. 阿尔伯蒂写道，皮拉斯国王拥有一颗自然形成的宝石，在宝石上可以看到9位各具特征的缪斯。
2　这部著作在1899—1904年间以十卷本面世。

审美的感觉。海克尔所强调的是对美的非蓄意的生成，例如放射虫（产生愉悦不是它们生物学意义上的目的）。而达尔文所解释的是审美感觉的根源，以及以这种审美感觉为目标的美的产物的根源。达尔文的第二部主要著作，出版于1871年的《人类的由来》(The Descent of Man)中有一个重要主题就是，审美的感觉在动物的国度中已经出现了，它绝非从人这里开始产生的。在第二部分，达尔文发现了性选择（sexual selection）理论。性选择超过了自然选择，简言之，它是关于一性别激起另一性别兴奋这一过程中相互之间审美地吸引着的特征。这一特征导致了在审美意义上被决定着的对配偶、交配以及生殖成功的抉择。自从审美浮现了出来，性选择就不再依靠力量与竞争，而是依靠审美的感觉与倾向[1]。

因此，在达尔文看来，审美不是一种典型的文明成就，而是最初就存在的自然结果。它不仅属于自然，而且也是自然繁殖、发展、自我提升的一种途径。物种的演化过程要经过审美的提纯与决定。审美的领域绝不是对立于现实的，它起初就是现实自身的一个方面，并在现实中进行运作[2]。

更进一步说，在动物的审美领域之中，最早的独立的艺术作品被创造了出来。通常美的产物是出现于雄性的身体上。雄性发展了装饰、个性以及所有具有审美特征的、情感充溢的行为，例如孔雀开屏。但在那之后，出现了一个物种：园丁鸟。在园丁鸟中，雄性完全不美，但却将它们追求美的努力从自身转移到了外部事物上面。而所谓的"园丁"就是指，仅仅为了吸引配偶、促成交配这些目的而存在的艺术品。因此说，这些园丁鸟是最早的艺术作品，而雄性园丁鸟则是最早的工匠。所以，不仅审美感觉是前人类的现实的元素，甚至连独立的艺术对象也是，这二者都不与现实对立，而是作为现实的一部分而存在。

---

1 对于这一问题，可从本书第五篇中了解更多细节。
2 参见 Homo mundanus, l. c., p.900, pp.908 f., pp.918–920。

艺术仍是自然的吗？

自然自身产生了艺术，因此艺术属于现实。这种引人注意的想法十分常见。但是，要在人类艺术创作中保有这一想法看起来却非常困难，因为艺术是文化的而非自然的事件。它是以一种完全不同于自然的方式产生的。如此说来，艺术与自然物是完全不同的，并且进一步来讲，艺术也将自身从自然和文化的现实中区别了出来。

然而，如果人们不想去制造一个自然与文化之间初始的绝对区分的话，如果人们要把人类文明产物视为一种动物性结果的延续并最终视为自然的文化变体的话，那么人类艺术作品就不必须成为某种与自然截然不同的东西，相反，它可以被视为一种审美的现实性产物中的一员。审美的现实性产物包括水晶的结构、美的花卉、海克尔的放射虫、达尔文的鸟鸣以及毕加索的作品。

早期的艺术自然起源论者阿尔伯蒂，想要使自然与文明相分离。基于这一意愿，他将人类艺术从一种自然的预设开拓为一种自由。可以确定的是，对阿尔伯蒂而言，人类艺术应该忠实于自然，但他也同样清楚，完善的艺术是人的自发产物而不再属于自然。

然而，稍晚的米开朗琪罗（Michelangelo）却想要收回这份自主性。根据米开朗琪罗的看法，文化意义上的艺术作品应该只是艺术家在艺术活动中对自然意义上的艺术作品的发现。米开朗琪罗认为，所有的人物早已经出现在了石头中。雕塑家所做的一切不过是除去那些包裹在外的物质继而将石头中蛰伏着的人物释放出来。以这种方式，米开朗琪罗想要再次把艺术作品连接回自然，并使之扎根其中。

此后的艺术理论试图以两种互不相同却又彼此相关的方式来保持这样一种同自然的纽带。其一是一种最宽泛意义上的浪漫主义命题，即将艺术家视为一种媒介；另一种则认为，艺术与自然是平行的，自然是艺术的方向。

浪漫主义的观念：艺术家作为自然的媒介

这一浪漫主义的概念从"自然的自主创造"（natura naturans）概念发展而来。"自然的自主创造"指向一个创造性的自然，它创造出所有单一的自然现象。为了这一目的，自然的自主创造就艺术而言利用着艺术家们；它通过作为其媒介的艺术家们创造着艺术作品。艺术作品的特殊之处在于它使得"自然的自主创造"变得明确，这与大量的其他现象是不同的。当人们以某种适当的方式观看一件艺术作品时，他不仅把作品当作一幅画或一件自然自我创造的产物，而且也将其视为自然自主创造其造物这一过程本身的经验。如果一位艺术家正确地理解了他自己，那么他也就理解了自己是自然之自主创造明白显露自身的媒介。

这种浪漫主义的概念一度极具影响。举例来说，人们仍然可以在古斯塔夫·马勒的言论中发现这一概念："然而现在，想想那些整个世界在其中真正反映出自身的伟大作品——所以说人只是宇宙借以演奏的一件乐器而已。"[1] "我了解的越来越多了：人不是在作曲，而是被编织进更宏大的乐曲中。"[2]

平行论（塞尚、诺尔德）

第二种途径是平行论（Parallelism），它在文化自主性的前提下坚持艺术同自然之间的联系，认为艺术平行于自然并将自然作为自己的方向。

与浪漫主义的范型不同，那种认为对自然的思考恰恰是艺术活动

---

1 古斯塔夫·马勒写给安娜·冯·米尔登堡格的信，1896年6月或7月，收入 Gustav Mahler—Briefe, Vienna: Zsolnay, 1982, pp.164 sq.。
2 Gustav Mahler in den Erinnerungen von Natalie Bauer-Lechner, ed., Herbert Killian, Verlag der Musikalienhandlung Karl Dieter Wagner: Hamburg, 1984, p.161.

源头的观点在这里不再有其位置。相反，人类活动的文化地位及其与自然的距离得到了承认，因此艺术同自然的关系不再是一种直接的产生关系，而仅成为一种平行论。但是即便自然不再被当作直接的参与者来被思考，它仍然被当作艺术创作的恰当反省来被思考。

例如，塞尚曾将回话定义为是"与自然和谐地相平行"："艺术是自然的一种和谐的平行。画家必须全副精力地追求寂静。他必须使所有偏见的声音都归于寂静，必须忘却，忘却，让寂静进入，成为一阵完美的回声。然后，全部的风景将会在画家敏感的画板上将自身刻画出来。"[1]（所以最后，塞尚再一次回到了浪漫主义的阵地。）

完全出于平行论的立场，埃米尔·诺尔德（Emil Nolde）说道："在绘画中，我总是想要让颜色穿过作为画家的我而持续不断地在画布上作为自然自身而运作，创造出它自己的作品与特点。就像矿石和结晶的结构，就像苔藓与藻类的生长，就像太阳照射下的花朵必然伸展、开花一样。"[2]

作为现实自我表现的艺术作品

在 20 世纪，人们不再仅仅满足于平行论而重建了这样一种旧的希望，即现实自身会创造作品，或至少与创作者共同完成了作品。

一个例证是马克斯·恩斯特（Max Ernst）的拓印法（Frottages，如从 1925 年起的作品《自然史》[*Natural History*]）。通过拓印法的创作过程，物体的表面结构在这种表现中将自身显现出来。在这一意义上，物体自身涉入了它们的形象化过程。这种表象如同物体真的创作出了它们

---

1 参见 *Conversations avec Cézanne*, ed., P. M. Doran, Paris: Macula, 1978, p.109。
2 参见 Emil Nolde, *Jahre der Kämpfe*, Berlin, 1934, 引自 Walter Hess, *Dokumente zum Verständnis der modernen Malerei*, Reinbek bei Hamburg: Rowohlt, 1956, p.45; 这里有一个类似的说法："我极其想要看着我的作品从质料中生长出来。"（Emil Nolde, *Briefe aus den Jahren 1894–1926*, ed., M. Sauerlandt, Berlin, 1927, 引自 Walter Hess, *Dokumente zum Verständnis der modernen Malerei*, l. c., p.45。）

自己，至少在其过程中发挥了自己的力量一样[1]。

这种超越不仅是平行论的，而且也是一种浪漫主义的观念，即认为艺术家是某种深层自然的媒介。在这里，正是自然现象以直接在表象中显现自身的方式成为了它们自己，可以确定的是，这一显现是通过艺术家所发明的一系列方法，但这些方法实际上也是被准确地设计出来以允许现实显现其自身的。

到目前为止，自然自身被包含进艺术作品的创作之中了，人们或许相信最终借助于这一模式，艺术与现实之间一种一体化的关系可以被实现。

上述过程的一种持久限制：
被完成的作品自行存在而非被整合进现实

但是这种方法，正如之前所谈及的其他方法一样，也有其限制和难题。就其最终所导致的结果而言，艺术作品与剩余的现实相分离而并未被整合进后者之中。现实可能在作品的起源上有其作用，但是一旦作品被完成了，现实的作用也就完结了，而作品则完全靠它自己存在于世。作品与现实的联系被限制在创作的过程之中，它不再适用于创作的结果。无论前面所述的过程如何受到自然的激励与揭示，它们最终都以作品的自行存在为结果。我想，尽管非常令人沮丧，但这却是作品的一个无可辩驳的特质。对于所有那些浪漫主义的、平行论的潮流中以及在拓印法的创作过程中的作品而言，某种不同的东西被确定了：作品与自然的联系是永久的，这一联系最终是被保留的而非被切断的。

作曲家莫尔顿·费尔德曼（Morton Feldman）曾以这样的方式阐述这一问题："从前，我的作品看起来像自发性的事物，现在它们看起来

---

[1] 参见我的作品 *"Frottage" —Philosophische Untersuchungen zu Geschichte, phänomenaler Verfassung und Sinn eines anschaulichen Typus*, Bamberg, 1974。

却像是不断演进的东西。"[1] 费尔德曼显然希望他的作品不再是自足的事物，而是像所有自然物那样能够表现发展、包含机遇并且能在其自身之中发现其路径（并且不遵循一种由作曲家决定的逻辑的布置）。但是问题仍然存在：这些作品究竟仅仅像是不断演进的事物还是它们确实就是不断演进的？在我看来，后者与事实是不符的，甚至同费尔德曼晚期作品的事实也是不符的。费尔德曼的晚期作品是令人叹为观止的音乐，但是它们也是音乐艺术的作品，它们可被以 CD 的形式购买，可供人们在音乐厅中聆听。这些作品没有超出与事物的平行结构而进入对事物自身的演进之中，它们以声音为媒介的发展演进始终类似于诸如河流的流动、树叶的形式或天气等自然现象。但是，它们不是这些自然过程的一部分，而是仅仅以音乐的形式做了类似于自然的事情而已。作为音乐作品，它们或许包含着某种现实的回音，但是作为艺术作品，它们本身不包含于现实而是与现实相异[2]。

解决途径：过程（process）而非作品

只要艺术活动的目的是创造独立的作品，人们就无法超越平行论。如此看来，人们无法进入到一个与现实相包含的艺术状态之中，也无法进入到艺术与现实的复杂关系之中。其原因是，人们无法同时既保持差异（即构成艺术作品时所展现的审美差异）又拆解这一差异。

在我看来，唯一可供走出这一困境的方案是，不将艺术活动引向独立的作品而是引向过程。当然，这里所说的过程不是那种终结于艺术作品之中的通常意义上的创作过程，而是现实自身的过程。

---

[1] 引自 Morton Feldman, *List of Works—Werkverzeichnis*, London: Universal Edition, 1998, p.3。
[2] 艺术作品的一个例子事实上就是"喜爱演化着的事物"，即西格玛尔·波尔克（Sigmar Polke）从 80 年代初期开始完成的一些绘画。他将细菌引入了作品，这些细菌会在作品完成后慢慢改变它们（比如当作品挂在展馆中时）。自然由此以其自己的方式进行演进，虽然这是由艺术家所发起的，但在细节上确是不可预见的。

一个典型例子就是博伊斯（Beuys）在1982年第七届卡塞尔文献展（Documenta VII [Kassel, 1982]）上的行为艺术《7000棵橡树：城市造林替代城市管理》(*7 000 Oaks-City Forestation instead of City Administration*，图4-1)。7000棵橡树和玄武岩石板被一对一地矗立在卡塞尔城（Kassel）中。如果今天有人漫步在卡塞尔城中却不知道博伊斯行为艺术的那段往事，他将不会获得自己正穿行于艺术之中的印象，他会认为他仅仅看到了普通的树木（尽管旁边有着看起来十分奇怪的玄武岩石板）。这样，艺术完全进入了现实之中。

现今类似的例子还有很多，在这些例子中，艺术向一种典型的现实过程让渡自身，过程完全依靠其自身展开。这样一段时间后，人们将不再能够意识到艺术在那样的过程中有其位置。卢修斯·布尔克哈特（Lucius Burckhardt）在一次谈及设计的时候说出的那个极妙的口号"好的设计师是不可见的"，这同样适用于类似这种干涉主义的艺术。

如我所言，这看起来是唯一能够解决艺术如何能真正涉入现实的方式。它无法通过创造现实的作品来实现，它唯一的实现方式是进入现实的过程并在其中被接受或者逐渐消亡。

另一种可能是艺术对现实进行短暂的干预。例如克里斯托（Christo）1995年的《包裹的德国国会大厦》(*Wrapping of the German Reichstag*)。

竣工于1894年的国会大厦最初是德意志帝国议会所在地；它在1933年失火，这起大火给了纳粹一个自1919年《魏玛宪法》以来扩充其权力的最大借口；而现在，这栋建筑是德国联邦议院所在地。克里斯托对其的包裹只持续了两周，但是它却深深地影响了德国人的群体记忆。当今天的德国人想起国会大厦的时候，他们不仅会记起德意志帝国时期民主进程的诸多困难、含糊不清的纳粹传说以及纳粹与那场大火有关的诸多行径，而且也会想起在一段精彩的日子里，国会大厦因克里斯托的干预而化作一个光彩四射的奇观和对美好未来的期许。

第三个例子是达理亚·冯·贝尔纳（Darya von Berner）的《云》（展出于马德里、科尔多瓦、布鲁塞尔等地）。公共空间在一整夜里被人造云雾所持续环绕，公众因此景而变得狂热。在那一夜之后，整个艺术作品消失了，只剩下对那份狂热的记忆还留在人们心里。

这样的策略暗示着艺术的特征在此日益消失。或者毋宁说，艺术被从以自主的作品为目的的传统模式转化到了艺术刺激或推动现实的模式。现实通过艺术输入而得到活力与增强，现实走上了与这种艺术的激励同在的道路——在此道路上，原初的艺术输入能够不再得到关注并最终完全消失。

或者我们可以通过一个对比来解释：这样的艺术干涉就像在佛教角度上的启迪，或者简单来说就像一种善行。它们向其周围扩展，照亮了周围的事物并使它们变得更好[1]。同时，它们也从这种对周围事物的影响中找到了自身的完满。同样，艺术也能够对现实产生作用。如果我没有弄错的话，许多年来，这一路径为众多艺术家提供了探索（以及期望）的方向[2]。

小　结

有一段时间我们见证了这一哲学的讨论，同样，甚至更为激烈，在基础的物理学论述中，一种转变正在发生，它从一种在物质本体论意义上对世界的思考转变为在过程本体论意义上对世界进行思考[3]。对于我们通常的理解而言，物体、事物都是处于显著位置的。但对于科学的理解

---

[1] 有一段时间，我们的启蒙向外辐射到了世界中，使得万物更加透明。"当一个人笔直地坐在三昧（Samādhi）中，在其举止、言谈和精神中仅存佛教的态度，那么整个佛法的世界就接纳了这一态度，无限的空间开始被唤醒。"（Dōgen, "Bendōwa" "A Conversation on the Practice of Zazen", 收入 *Shōbōgenzō—Die Schatzkammer des wahren Dharma*, vol.1, trans., Ritsunen Gabriele Linnebach & Gudō Wafu Nishijima, Heidelberg-Leimen: Kristkeitz, 2001, pp.27-49, 此处引自第 29 页。）

[2] 参见我的作品 "At Point Zero of Creation", *International Yearbook of Aesthetics*, vol.14, 2010, pp.199-212；该作品已有中译本《在创造的零点》，收入《世界哲学》2011 年第 5 期，第 43—51 页。

[3] 更多细节参见 *Homo mundanus*, l. c., pp.894-897。

而言，过程则是其主要关注的焦点。对于科学来说，事物都不是简单依靠自身的，而是由各种反复出现的过程所构成、所分解的。当今，一种从传统的物质本体论向过程本体论的转变是必要的。

或许在艺术中类似的变化也在发生。对独立自足的作品的创作现今至少已显得陈旧。因此它再一次试图乞灵于物质的本体论。但是总体而言，我们今天仍然目睹了一种面向过程的转向。

可以确定的是，就像我所说的那样，这是与一种"艺术的消失"相联系的。但在另一方面，这又是一种古老的理想（主要在欧洲之外，有时甚至存在于欧洲）：艺术应该为一个更加美好的生活做出贡献，而不是仅仅闭锁于其自身。对我来说，此种理想在进入现实的过程这一艺术策略中显现出来。在这一意义上，"艺术的消失"同样实现了那一旧的理想。

总之，我有这样一种印象，那就是现今一种发展已经完成。审美感觉，就像我之前在讨论达尔文时指出的那样，它原本就已经在自然中得到了发展，并服务于求偶这一目的。此后，它变成了自主的，首先出现在一些鸟类那里，而后在人类中得到完成，并在之后的500年时间里日益凸显。现在，审美感觉看起来似乎是要返回到它之前的原初状态，以一种新的方式重新投入到它所产生之际的氛围中去。我们开始寻找一种不再从现实中分离的艺术，寻找一种不再闭锁于自身并因此与现实相对立的艺术，寻找一种不再独断地同它所运作于其中的现实相区别的艺术。因此，艺术回到了现实，而艺术的演进达成了完满[1]。我知道，这其实也正是艺术市场和艺术场馆所希望看到的。但是，这对艺术本身而言或许是最好的事情。

（毕聪正　译）

1　我在本书第二篇末尾处讨论的爱德华多·卡克的作品，明显就是这样的一个例子。《爱德尼娅》是一个可以完美扩散进现实的活的存在物。

第五篇

演化论美学观

10多年来，我试图建构一种新的人类观，即在演化论语境中理解人类。所谓演化，既指宇宙演化与生物演化，也包括文化演化。[1] 同时，我的美学研究已逾40年，因而如何用演化人类学的视角看待美学成为一个问题。

不过学界对演化论美学问题早有研究，因此在阐述自己的看法之前，需要介绍另外两种观点。

查尔斯·达尔文：性选择是审美感官的形成背景

第一种观点无疑源自查尔斯·达尔文。[2] 他认为人类出现之前，动物世界中早已经形成审美感官。达尔文对审美的看法集中在1871年出版的《人类的由来》中，这是作者学术生涯中价值仅次于《物种起源》的重

---

[1] 部分参见我的 *Homo mundanus—Jenseits der anthropischen Denkform der Moderne*（Weilerswist: Velbrück Wissenschaft, 2012, 2nd ed., 2015）以及我的 *Mensch und Welt—Philosophie in evolutionärer Perspektive*（Munich: Beck, 2012）。

[2] 我已在 "Der animalische Ursprung der Ästhetik" 中展开了更多细节讨论，收入我的 *Blickwechsel—Neue Wege der Ästhetik*（Stuttgart: Reclam, 2012），pp.211-251。这篇文章的第一版名为《动物美学》("Animal Aesthetics")，发表在《当代美学》(*Contemporary Aesthetics*), 2004年"美学中的科学"论坛, www.contempaesthetics.org/pages/article.php?articleID=243。

要著作。在这本书里,达尔文提出了性选择理论,并由此解释了审美感官的起源。[1]

性选择中的审美转向

雄性最早依靠仪式化战斗分出胜负,胜者有权独占雌性配偶。但在某一刻事情开始发生变化,审美现象进入生殖领域,并且逐渐成为主导力量。一方面,审美的物理特征出现,另一方面,适用于评估这些特征的审美感官开始形成。审美特征的拥有者多半是雄性动物,而雌性则发展出审美感官。由此情况倒转,雌性占据了选择主导权,雄性则为候选方。雄性动物制造各式各样的审美刺激物:气味、鸣唱、示爱的舞蹈,还有各种装饰,比如醒目的色调、巢穴、五彩的羽毛。雌性动物便依靠它们的"审美感官"与"美的趣味"选择装饰更耀眼、舞姿更娴熟或者歌喉更动听的雄性作为配偶。[2]

据达尔文研究,由审美主导的配偶关系首先出现在蝴蝶中,雄性蝴蝶那炫目华美的翅膀就是雌性选择的产物。而在鸟类动物那里,这种审美发挥了最大效果,因此达尔文称鸟类为"动物中最善于审美的物种"[3]。(当然,鸟类的美指的不是身体而是鸣唱声。)

---

1 这本书的整个第二部分围绕着性选择展开。下文引用达尔文著作的版本是:"Origin"指 The Origin of Species [1859](New York: Modern Library, 1998)一书;"Descent"指 The Descent of Man, and Selection in Relation to Sex [1871](Princeton: Princeton University Press, 1981)一书。

2 Origin, p.255, p.627. Descent, I, p.63; I, p.64; II, p.39; II, p.233. 读者不难想象为什么维多利亚时期英国社会要大肆批判达尔文的理论观点。达尔文的理论指出,雌性动物的智力更高,是趣味的生产者与拥有者,能够挑选配偶,这无疑极大地挑战了当时的社会意识形态与性别偏见。参见杰弗里·米勒《求偶心理——性选择对人性演化的影响》(Geoffrey F. Miller, The Mating Mind. How Sexual Choice Shaped the Evolution of Human Nature, New York: Doubleday, 2000, p.51)。

3 Descent, II, p.39.

美只是适合度的指标吗？

首先需要追问的是，发展出高度审美形式的性选择是不是独立的选择模式？还是能够进一步还原为自然选择的一种？自然选择与生物适合度有关，也就是衡量生物个体在环境中生存与繁殖能力的尺度。审美选择是否与自然选择不同？是对美的选择吗？或者说审美选择说到底也取决于适合度？如果是这样，美可能只是适合度的指标，而审美选择就是自然选择的特殊形式。

一些演化生物学家认为性选择只是自然选择的一部分。与之相反，达尔文本人在他去世前的几小时，也就是1882年4月面向动物学会的演讲里声明，尽管怀疑者日渐增多，否认性选择取决于审美，他依然"坚定不移地相信"自己理论的"正确性"。[1]

事实上，达尔文的观点很正确。首先，自然选择与性选择在动物身上留下的特征并不相同，甚至可以功能相悖。雄性孔雀的尾巴美得夺目，左右了雌性孔雀的配偶选择，这在性选择中意义重大。但自然选择刚好相反。尾巴越华丽，也就越臃肿拖沓，最终导致孔雀失去飞行能力，容易被天敌捕获，因而是自然选择的一大缺陷。[2] 二者的矛盾说明自然选择与性选择不能归为一类，也说明性选择发展出的审美形式具有独立特征。

---

[1] "许多博物学家怀疑或者否认雌性动物拥有选择能力，可以选择特定的雄性配偶。与其说有意识地选择，不如说雌性动物被特定的雄性外貌、声音刺激与吸引。这里我或许不能不承认，对那些违反性选择原则的广泛争论经过殚精竭虑的思考后，我仍坚信性选择理论的真理性。"见达尔文为《论一种叙利亚街犬由性选择导致的变异》一文所作"序言"（Darwin, "A preliminary notice: On the modification of a race of Syrian street dogs by means of sexual selection"[1882]，收入 *The Collected Papers of Charles Darwin*, Chicago: Chicago University Press, 1977, pp.278-280），此处第278页。

[2] 参见 *Descent*, II, p.401。审美特征在"大量事例中导致动物更易被天敌发现，甚至导致战斗能力的下滑"（ibid., II, p.233）。雄性动物耀眼的色彩，一方面吸引雌性动物，另一方面也容易成为天敌的目标（ibid., I, p.326）。

其次，即便美只是适合度的指标，审美知觉仍然很有必要性与决定性。[1]因为就算雌性动物为了繁衍后代着想，只考虑配偶的适合度，也只能根据美丑来判断适合度的高低。换言之，选择美的配偶等于选择适合度高的配偶[2]。因此，即使审美行为的目的是适合度而不是美，想要达成目的也只能依赖审美知觉与审美评估。[3]对美的知觉是不可避免的。无视审美知觉的重要性的做法十分错误。

人类美学是不是动物美学的延伸？

下面的问题是：达尔文的动物美学对理解人类美学有多少帮助？

达尔文强调连续性。他认为人类美学与动物美学有许多共同点，可以视为一个连续体[4]。相关论述很多，比如："显然人类与许多低等动物都喜好某些色彩与声音。"[5] "鸟类的审美趣味与我们相似。"[6] 动物"趣味的高级标准与人类十分吻合"[7]。概言之："审美趣味不是人类专属的特征。"[8]

不过，达尔文的表述有些绝对。许多动物的鸣唱声十分优美，但不

---

[1] "如果雌鸟不能够欣赏雄性配偶的美丽颜色、装饰、鸣唱声，那么雄鸟在雌鸟面前为了炫耀而付出的努力和热望，岂不是白费？我们无法承认这点。"(*Descent*, I, pp.63 f.)"认为雌性动物不能欣赏雄性配偶的美等，若说雄性动物的绚丽装饰、炫耀与展示行为都是无目的的，这解释不通。"(Ibid., II, p.233.)

[2] 雌性动物没有发出 X 光的眼睛，看不到雄性动物的基因是否强大，只能关注外在的美。

[3] 顺便一提，如果雌性动物最终关注的是雄性的适合度，美只是适合度的指标，那意味着动物世界里美的确切内容或意义只能意会不可言传。

[4] 达尔文在《人类的由来》第一部分提出动物与人类认知上的连续性，著名的说法如："这一章的目的在于阐明，人类与高等哺乳动物的心理官能没有根本性的差别。"(*Descent*, I, p.35.)"尽管人类与高等动物的心智差异极大，但也只是程度上的，而不是类的差别。"(Ibid., I, p.105.)达尔文对情感连续性的讨论可见 1872 年的《人类和动物情感的表达》。《人类的由来》第二部分讨论了审美的连续性。

[5] *Descent*, I, p.64.

[6] Ibid., II, p.39.

[7] Ibid., II, p.401.

[8] Ibid., I, p.64.

是全部。比如蝉鸣，特别是群蝉齐鸣，往往让人生厌。另外，也没有证据能够证明爬行动物、鱼类与人类有一样的审美趣味。

总而言之，达尔文对连续性的解释不太站得住脚。他认为所有审美感官、情感、智力都基于"神经系统的组织"[1]，所以借动物到人类的神经系统发展的连续性，解释二者审美方面的连续性[2]。但是这种解释办法不能回答一个重要问题：鸟类（正如上文提到的，达尔文认为鸟类是"最审美的动物"）与人类审美趣味所谓的连续性源于何处。今天我们知道鸟类与哺乳类动物的大脑构造差别很大，属于不同的发展路线，二者没有连续性。[3]

动物审美的局限

动物审美对理解人类美学的帮助有限的另一个原因是——动物审美十分局限。

首先是局限于性。动物的审美愉悦取决于性欲。只有性冲动活跃，也就是配偶期，美才能给动物带来愉悦。[4]

其次，动物的审美局限于配偶的外在特征上。随之而来的另一个局

---

1 *Origin*, p.255."所有这些心理能力都有赖于大脑的发展"（*Descent*, II, p.402）。
2 "凡是认同演化论原理的人……都应该反思一下，所有脊椎动物的成员的脑细胞都起源于整个动物界的共同祖先。因为这样，我们才能看到，这些不大相同的动物类群的某些心理官能是采取几乎同样的方式与几乎同样的程度发展的。"（Ibid., II, p.401.）也可参考："即便不是欣赏，几乎所有动物都能知觉音乐节奏与旋律，这无疑有赖于它们神经系统的共同的生理特征。"（Ibid., II, p.333.）
3 鸟类没有分层的新大脑皮层，后者负责哺乳动物的知觉、行动、思考功能。鸟类的大脑远小于哺乳动物的，但有成簇组织。经过解剖研究，科学家发现鸟类的智力很高。但无疑，它们与人类的大脑构造属于不同类型。
4 只有在繁殖季节，雄性动物才会展示它们的装饰，同时，雌性动物才会欣赏雄性的美。比如大眼斑雉（Argus pheasant）"只在求偶期间而非其他时候展示翅羽上的'球与穴'装饰的绝妙色调与优雅样式"（*Descent*, II, pp.400 f.）。

限是动物审美无法越过种族界隔。[1] 动物审美是性审美与种族审美，所以相当狭隘。

动物王国中的第一步扩张

不过审美领域的扩张在动物世界中已经开始。一个有趣的例子是园丁鸟。雄性园丁鸟会搭建精美的直立巢穴，以达成吸引雌鸟的目的。[2] 园丁鸟的例子与一般情况相比，出现了两点变化。首先，不仅雌鸟拥有审美感官，雄鸟也有。只有这样，雄鸟才能筑造符合配偶审美的巢穴。美感不再是雌性动物的特权，而是雌雄共享的能力（人类便是如此）。

其次，动物界中开始出现美的产品。雄性动物从表演身体美转向制作美的客体。[3] 事实上，雄性园丁鸟本身样貌平平。它们的美不在自身，而在外物。可以说，是园丁鸟开拓了动物世界的艺术生产之路。它们堪称最早的创作作品的艺术家。

还有一点超出了常规情况：动物不再只喜欢异性的身体，也开始关注生活环境中的客体。它们对栖息地的评估也不仅局限于周遭环境是否有利于繁衍生息，而开始掺入审美考量。[4] 换言之，动物的审美不再是性冲动的产物，而是认知塑造的偏好。美学的知性扩展在动物世界中已经出现。

---

[1] 早期的动物审美局限在物种内部，这一点完全可以理解。因为审美源于性，源于对配偶的挑选。所以雄性动物的美与雌性动物的审美感官都指向同物种内的个体，这一点毫无疑问。但是，难以想象动物会对其他物种着迷。因此，早期动物审美被性框架限制在同物种中，这一点"合情合理"。

[2] 参见贾雷德·戴蒙德《园丁鸟巢穴的演变：动物审美感官的起源》（Jared M. Diamond, "Evolution of Bowerbirds' Bowers: Animal Origins of the Aesthetic Sense", *Nature*, vol.297, May 1982, pp.99-102）。

[3] 达尔文赞同约翰·古尔德（John Gould）的看法："这些装饰华美的成片巢穴，可以说是至今发现的鸟类巢穴中最为惊艳的。"（*Descent*, II, p.113.）

[4] 参见 Klaus Richter, *Die Herkunft des Schönen. Grundzüge der evolutionären Ästhetik*, Mainz: Zabern, 1999, pp.288 f。

人类审美与动物审美不对等的广阔范围

人类审美的范围远比动物宽广。第一，人类的审美实际上没有什么"范围"限制。任何事物都可以成为审美再现与审美愉悦的客体，可以是动物世界中看重的极具诱惑的配偶，也可以是日出、干草堆这些日常景象，甚至可以是十分丑陋的东西。人类喜好规则的形状，却也喜欢一些极不规则的形式。

第二，人类审美超越了性的藩篱。人类审美或许内在地与性相关，甚至像弗洛伊德所说，所有的文化行为都源自性[1]。但是仅靠潜藏在所有人心底的、抽象的"力比多"，无法解释审美中的具体问题。比如，我们无法完全从性冲动出发解释莫扎特（Mozart）与贝多芬乐曲的差异、纽曼（Newman）与波洛克绘画的不同，或者皮娜·鲍什（Pina Bausch）与萨莎·沃尔兹（Sasha Waltz）舞蹈编排的区别。

第三，人类审美的自反性日益增加。比如，审美兴趣从客体转向再现[2]，转向知觉的独特性，或者转向接受、艺术观念、艺术体制。这种向自反性的发展是人类艺术的独特之处。（反思被视为卓越的品质。）[3]

审美现象出现在动物界，人类的审美由此生发。但它发展出自身独特的动力机制，以至于人类审美的特征，尤其那些主要特征，无法完全追溯至动物审美。人类体验到的审美愉悦的确源于我们的动物阶段，但从动物审美入手不能解释画作价值高低这种具体问题。达尔文的理论为

---

1 "一旦屈从文明的要求，性本能就无法完全获得满足，反而成为成就伟大文明的动力，因为这些成就源自性冲动的不断升华。"(Sigmund Freud, "Über die allgemeinste Erniedrigung des Liebeslebens"[1912]，收入 *Studienausgabe*, vol.5, Frankfurt/Main: S. Fischer, 1974, pp.197-209，此处为第 209 页。)"性冲动的升华是文明发展的突出特征，是高级精神活动如科学、艺术、意识形态的来源，对文明意义重大。"(Sigmund Freud, "Das Unbehagen in der Kultur"[1930]，收入 *Studienausgabe*, vol.9, l. c., pp.197-270，此处为第 227 页 [III]。)

2 亚里士多德已有相关看法："如果观众没有见过作品描绘的对象，那么作品带来的愉悦便不是源于再现，而是源于演奏方式、色彩或者其他。"(*Poetics*, 1448b, pp.17-19.)

3 参见我的 *Homo mundanus*, l. c., pp.719 f。

一般意义上的美学研究提供了不少启发，但对解读人类的具体审美现象帮助不大。

人类中心视野下的新版演化论美学

现在让我们关注另一种非达尔文式的演化论美学。它的时间短暂，出现于 20 世纪 90 年代，而且完全不顾达尔文揭示的审美的动物起源，这让人非常惊异。它不关心人类的审美标准是不是动物审美偏好的延续或遗留，反而强调人类与动物审美的区别。这种看法从演化论角度来看简直既不可思议又自相矛盾。它最关心的美学问题是人类的审美标准如何在演化过程中成形。这种演化论美学的新观点有哪些？

人见人爱的风景类型：大草原

首先，它发现人人都喜爱草原风景。不管是居住地附近的草原，还是旅行途中见到的草原，都是人类的心头好。不同文化与社会都偏爱草原。[1]

据说这种喜爱根植于遗传基因，源头可追溯到人类文明前期，也就是约 4 万年前的文化发展与传播的起始阶段。那时草原视野开阔，易于发现河流与树林（提供荫凉或者躲避猛兽之所），十分有利于生存，所

---

[1] 参见 Gordon H. Orians & Judith H. Heerwagen, "Evolved Responses to Landscapes", 收入 *The Adapted Mind*: *Evolutionary Psychology and the Generation of Culture*, eds., Jerome H. Barkow, Leda Cosmides, John Tooby, New York: Oxford University Press, 1992, pp.555–579; Stephen Kaplan, "Environmental Preference in a Knowledge-seeking, Knowledge-using Organism", 引自 *The Adapted Mind*, pp.581–600; Roger S. Ulrich, "Biophilia, Biophobia and Natural Landscapes", 引自 *The Biophilia Hypothesis*, eds., Stephen R. Kellert, Edward O. Wilson, Washington, D.C.: Island Press, 1993, pp.73–137; Judith H. Heerwagen & Gordon H. Orians, "Humans, Habitat, and Aesthetics", 引自 *The Biophilia Hypothesis*, l. c., pp.138–172。

以成为人类偏爱的主要栖息地。[1] 每当需要寻找新住所，天生对草原敏感的人就成为出色的领导者。长此以往，人类基因中的偏好经过自然选择固化下来。而从那时起，人类的基因变化十分微小，对草原的偏好依然潜藏在每个人的身体深处。这就是为什么就算大部分人早就不再生活在草原上，却都对之青睐有加。

共同的身体偏好

其次，对人体的审美偏好也存在普遍性。[2] 比如，世界各地的人都以严格对称的身体构造和脸庞为美。[3] 光洁的皮肤与闪亮的头发也是魅力的重要来源。[4] 而且存在着普遍的理想身体比例，至少全世界的男性都喜欢腰臀比例 7:10 的异性。[5]

演化论可以解释人体的审美偏好。美的特征代表着优良基因与更强的生育能力，因此成为自然选择的对象。[6] 如上文所述，文明期人类基因几乎没有变化，所以今天的我们仍然保有那些古老的特征。前文明期的审美模式成为我们价值判断的基础，文化由此发展，不可能完全背离。

然而演化论美学的这个版本依旧有些简陋。它可以解释审美偏好

---

[1] 参见 Orians & Heerwagen, "Evolved Responses to Landscapes", l. c., p.558。需要注意，人类的远祖生活在非洲，草原棋布之地。

[2] 参见 Nancy Etcoff, *Survival of the Prettiest*: *The Science of Beauty*, New York: Doubleday, 1999; Randy Thornhill & Steven W. Gangestad, "Facial attractiveness", *Trends in Cognitive Science* 3 (1999), pp.452-460; Karl Grammer, Bernhard Fink, Anders Møller, Randy Thornhill, "Darwinian Aesthetics: Sexual Selection and the Biology of Beauty", *Biological Review* 78 (2003), pp.385-407。

[3] 参见 Etcoff, l. c., pp.185-187。

[4] Ibid., pp.91 f.

[5] 参见 Devendra Singh, "Adaptive Significance of Female Physical Attractiveness: Role of Waist-to-hip Ratio", *Journal of Personality and Social Psychology*, 65 (1993), pp.293-307。当然，这个比例的具体数值可能差别很大，比如欧洲人更喜欢 60:90（厘米）的比例，而其他文化可能更喜欢 80:115（厘米）。

[6] "对称之所以对美相关，是因为对称是整体适合度的衡量标准之一。"（Nancy Etcoff, *Survival of the Prettiest*, l. c., p.186.）"对称是健康与适应能力的指标。"（Ibid., p.162.）

的基本问题，却无法解释某些具体特征何以更有审美价值。单就审美而言，再现一片有利于生存的草原，未必比再现一座不宜于生存的高山更有魅力。对称的脸庞、光洁的皮肤、闪亮的秀发也能让人生厌，而略不规则的脸与一流的装扮可以更为耀眼。[1]

因此，前文明偏好的解释模式效力有限。它同达尔文的动物美学一样，能够提出不少有力见解，但都不足以解答人类美学真正的核心问题。

演化人类学视角下的美学

我尝试着从演化论人类学出发，提出演化论美学的第三个版本。

文化演化在审美中的决定作用

人类文化演化发展的能力，无不源于前文明期形成的潜能。与此相关，可以区分人类发展的不同阶段。首先是类人猿的阶段，也就是人类更加接近动物的阶段，持续几千年。其后是人类的原始文化阶段，起源于距今250万年前（人属首次出现），延续到大约4万年前（转向文化演化）。[2] 人类审美机能的形成与这两个阶段发展出的能力有关，而这些能力都得益于前文明期的遗产。达尔文已经指明，早在人类出现以前，动物已经获得审美感官，并经由人类延续至今。上文提到的第二版演化论美学，讨论的是原始文化中人类审美偏好的发展。

不过这两版理论无法分析中世纪的书中绘画、中国的山水画，还有

---

[1] 广告业十分清楚严格对称的脸令人厌烦。因此，跟头发有关的广告里，会选择脸部严格对称的模特，这样，观众的注意力就会跳过模特的脸部，转到头发上。
[2] 这种看法不赞同对人类特长与独特性的超自然。传统人类学是二元论的，即认为人类由两部分组合起来：一是自然成分，比重不大；二是超自然也就是精神成分，对人类至关重要。演化人类学认为人是一个整体，人类的精神能力源于演化。

提香（Titian）的晚期风格。事实上，它们不能增进我们对文明时期最早期艺术品的理解，比如3万年前肖维岩画。分析草原与人体比例的理论无力于理解岩画中动物的再现。

我的看法也许会让许多生物演化论者惊讶甚或失望，因为我关心的问题源自与人类切身相关的审美差异与审美评价，而非源于"生物"演化论。我把目光转向"文化"演化的过程与特殊性。文化史与艺术史才是主要的问题来源。

所谓的演化人类学与流行的演化论不同，不把演化全部还原成生物演化，而是认为演化可以分为自然演化与文化演化两个方面，尽管后者源于前者，但文化演化大大超出了生物演化的既有范围。因此我把文化史与艺术史当作文化发展的更为切近的典范形式。

当然，有一种常见的误解认为，文化完全自治，所以指明文化活动的生物学前提不无裨益。只有抓住文化活动与原始文化的关系，才能更好地理解我们当下的文化活动。

比如，现代大众传媒的许多方面都有赖于原始文化时期人类发展出来的能力，比如理解面部表情的能力。这就是为什么如许多的特写镜头被运用于电影和电视节目中，特别是那些追求全球收视的节目。特写镜头为观众理解人物思想状态与意图提供了重要信息，使观众得以摆脱语言文化差异，借助共有的表演表情理解能力解读人物。[1] 可见原始文化的遗产在当下依然拥有活力。史前文化的遗产在当代文化中依然发挥功用。[2]

1　参考 Noël Carroll, "Art and Human Nature", *The Journal of Aesthetics and Art Criticism*, 62/2（2004）, pp.95-107, 此处为第102—105页。
2　古代的某些痕迹在今天依然存在，持续发挥影响，社会生物学提供了大量这方面的事例。比如，女性在排卵期更容易有外遇，她们无意于寻找适合成家的宜婚男性，而是性方面更有魅力的男性，换言之，她们此时的标准是与生育相关的最大适合度。因此，尽管这种情形中女性不愿意生育，她们依然按照演化论的最佳概念/能力的对应原则行事。

第二个建议是：研究整个文化演化领域的审美，不仅要关注艺术史，也要研究感觉史、愉悦史、时尚史等领域。简而言之，需要研究文化中所有的审美方式的历史。[1]

反转视角：审美维度对世界意味着什么？

下文讨论第三版演化论美学的核心观点。

就我所谓的演化人类学而言，考虑人类与世界的关系的新方式至关重要。演化人类学否认人类完全自律的观点，它相信人类不是偶然出现的实体，人类的整个演化过程与世界息息相关。与其他生命体一样，人类的出现不是与世界无关的"意外"，人类是世界的不可分割的"一部分"，或者说是世界的"参与者"与"共同设计者"。25亿年前的地球没有富含氧气的大气层，正是依靠简单生物的新陈代谢，释放氧气，形成了大气层，给地球带来现在的面貌。这又为高效率的呼吸生物改造地球表面的活动创造了条件，为人类的文化创造制造了前提。生物与世界持续地相互作用，所以演化人类学不仅应该分析世界对人类与其他生物的意义，还要反转思路，思考一个少有人提及的问题：人类以及所有其他生物对世界意味着什么？

以认知能力为例。最简单的有机体就有初级的认知形式，认知的协调能力是它们生存的保障。认知能力成为生命演化的新动力。借助这种方式，世界开辟了一条新的发展道路。所以认知不仅属于认识论层面，还与存在论层面有关。[2] 一般认为知识为生命打开世界的窗户。而现在有必要反向思考，从世界这个知识发源地的角度来看，知识有何意义？

---

1 从20世纪90年代开始，我就尝试拓展美学范围，研究艺术之外的问题。典型论述可参考"Aesthetics beyond Aesthetics: For a New Form to the Discipline"［final lecture at the XIIIth International Congress of Aesthetics in Lahti, August 5, 1995］, 收入 *Undoing Aesthetics*, London: Sage, 1997, pp.78-101。

2 参见我的 *Homo mundanus*, l.c., pp.903-909。

与之相似，美学同样需要反向思考。正如达尔文所说，世界同样是审美感官的发源地。对世界来说，审美意味着什么？审美行为在何种程度上不是与现实无关的活动，而是切实改变世界面貌的世界性行为？审美出现之后世界发生了何种程度的改变？

感性行为对世界的改变

要解释审美行为对世界的价值，或许需要从出现审美态度之前的世界说起，需要从感性说起，从感性的最初阶段，即感觉，出发，寻求答案。换言之，就是从感性行为而非真正的审美行为开始。由此追溯到审美之前的一个层面，关注审美行为的自然前提与原型，关注感觉与知觉。

概括地说，在这个层面上，感觉最初只是对自我的感觉（如"我饿了""我很冷"等）。随后对客体的感觉开始出现（如"雪很凉""火炉让我暖和"）。下一阶段便是形成知觉。知觉指向客体，自我感觉退回到对客体的感知之后。

感觉与知觉形成于何时？它们对世界意味着什么呢？最简单的有机体就已经拥有感觉（自我感觉与客体感觉）。它们的电化学传感器能够感知身体里的血糖高低，而且它们能够感知周遭的客体是否适合食用。感觉是个体对环境的适应方式，有机体依靠感觉来利用环境中的有机与无机元素，但要发展出复杂的感觉则为时尚早。本文无意于详细描述此一过程，而是要讨论感觉与知觉对行为者和世界意味着什么。

首先，感觉与知觉让世界稳定下来。生物是世界的一部分，没有生命的世界肯定不同。感觉与知觉是有机体生存的必要手段，也因此让世界保持稳定。没有它们，有机体无法生存。它们使充满无机物与生命体的世界保持稳定。

其次，感觉与知觉存在于生物自身，而且事关生物感知的"客体"。

可以指向动物，比如狼群暗中观察羊群直至消灭之；可以指向可食用的植物，然后将之一扫而光；也能影响无机界，比如牛的呼吸增加空气中的二氧化碳含量，海狸改造水体。

简而言之，感觉与知觉既影响了生物的生存，又改变了生物的生存环境。这种改变使得随后的许多演化方式成为可能。[1] 感性行为对生物与环境都有很高的实用价值。感性（感觉与知觉）出现后，世界多出一种揭示自身的手段。因为世界的一部分可以被知觉，世界在物理存在之外增加了感知者意识中的精神层面。事实上，世界从此改变了样貌。因此，感性行为拥有存在论意义，影响而且改变了这个世界。

审美态度与客观主义的分离——新维度的开启

现在回到审美知觉问题。所谓审美知觉，指诸如对优美的孔雀开屏的知觉。动物演化出真正的审美特征之前，感觉与知觉已经在某些方面发挥作用，比如动物的仪式化战斗与交配活动。然而，这种作用逐渐被审美取代。审美主导了对物种生存至关重要的性活动，没有审美，物种无法世代绵延。雄性动物的身体演化出审美特征，雌性则演化出审美感官并且日趋敏锐。审美成为动物走向未来的关键。

审美紧接着迈出了重要一步，甚至可以说有所飞跃。审美知觉使动物对客体的感知不再局限于物理特征。比如公鸡的鸡冠与孔雀的尾巴不仅可以从物理层面被感知，而且可以成为审美对象。审美知觉开启了物理层面之外的新维度，超越了客体层面，转向真正的审美特征。这不仅是表面优雅特征的改善，而且是负责审美行为的染色体组的演化。

审美客体是两种存在形态的混合体。一种是物理实在的客体，另一种是审美客体。审美特征以物理结构为前提，但与之不同，自有其审美

---

[1] 由此可知，伪演化论生物适应环境的理论模式多么简陋，它只说出了一半真相，另一半是环境被生物改造。

结构。换言之，没有物理层面的存在，审美特征无以为靠，但不能因此把它当作物理特性。审美特征不是物理特征，而是客体的光晕（aura）。审美是一种提升（levitation）。

感性领域中已经出现与直接意义的分离。以色彩感知为例。颜色首先被感知为客体存在的指标，然后使客体逐渐从背景中凸显，或者如水果的颜色那样被视为成熟的标志。颜色本身不是被关注的重点，观者透过颜色看到与自身视角或者意图相关的东西。

然后情况发生变化，观者对颜色本身加以关注，颜色自身成为被感知与注意的对象。这时我们才能欣赏夜空中色彩的游戏，或者为服饰染上和谐的颜色。色彩的独立意味着超越早先客体导向的知觉模式，转向更加审美的知觉模式。第二性的质凸显出来，成为被关注与欣赏的焦点。由此才能出现莫奈（Monet）成系列的画作，描绘不同色调下的干草垛与鲁昂大教堂。因为这些作品无意于对象的存在，而是试图抓住对象第二性的质的丰富、短暂、多变。

审美行为对世界的影响

接下来讨论审美与感性初级形式的分离对世界的意义。前文已经阐明感性的初级形式的意义，它开启了世界的目的性层面，活动于其间，因而改变了世界。这种改变对个体活动的影响可能较小，但就世界整体状态来说十分巨大。那么，更为复杂的真正的审美态度对世界有何影响？从世界的角度出发，审美有什么意义？能否认为审美超越了生物与世界的初级关系，因而与世界无关，自成天地？

当然不能。审美知觉无疑影响了现实存在物，改变了世界。如同达尔文早已说明的那样，审美感官的发展改变了动物的身体，因为雄性动物身体演化的审美特征源自雌性的审美选择。而且审美感官随后带来新现象，使得审美从初始形态走向审美客体的创造，最终促成艺术作品的诞生。

人类又如何呢？人类美学研究不能忽略人类审美活动给世界带来的改变。我们依靠审美观念设计出无数产品：建造花园与公园，制作自然与文化的纪念品，参加乡村房屋装饰大赛。以人类与山岳的关系为例。起初高山让人恐惧，而到了18世纪，人类开始欣赏高山的雄伟壮丽，从此以后高山成为崇高的典型景象。正是这种视角的转变引导人类走向山川深处，对山川越发熟知，以至于19世纪时高山就不再是崇高而是美丽宜人的所在。随之而来的是20世纪更为普遍的游山玩水。今天，那些崇高庄严的高山早已是大众旅游的寻常去处。

审美给世界带来的结果未必都让人心情愉快，但这种结果无疑广泛存在，审美不可能超然于世也不可能不改变世界。或许可以把审美静观当成感知艺术的理想方式，但今天的世界高度审美化，这种看法充满误导。现在，审美活动的驱动力不是静观，而是无处不在的美化与装饰欲。

不断提升的自由

审美态度历经多次分离最终成形，但不是单纯地与实在世界疏远，恰恰相反的是，它直接影响了世界。审美态度逐步挣脱各种束缚。上文提到的园丁鸟，就是挣脱的一个典型案例。第一次分离指生物特征突破物理层面，形成审美价值，随之而来的第二次分离指美从生物的身体转向外在事物，转向美的客体的制造。

接下来审美挣脱了性选择的束缚。性选择主导了动物的活动，但人类与之不同。关键是第二阶段的实用性的出现。第一阶段的实用性与生存有关，感性行为与性选择的审美行为都是这类实用行为，目的就是物种的生存繁衍。然而从人类最早的艺术作品如雕塑、岩画、笛子开始，审美不再局限于生存，而是属于象征阶段的实用性，其目的是满足文化偏好的生活。这一步引发了后世自律的艺术创造。

不过艺术自律不等于艺术创作毫无目的。"自律"的艺术创作当然是目的性活动，意在让生活更加丰富多彩，更加人性化。用亚里士多德（Aristotle）的术语来说，艺术服务于"良好生活"（good life）而非"纯粹生存"（mere life）。这种目的还是实用目的，而非为了艺术而艺术。

审美行为的自由程度逐步提升。从客体导向中解脱，接着脱离性与身体，最终挣脱社会的约束与需求。随着审美的出现，世界越发自由。因此完全可以理解席勒对美的定义，他把美界定为自由的形式，界定为自然界中早已存在的"自由的显现"[1]。审美诞生之后，世界不再是决定论的，而且也是自由的。或者不如说，世界开始显现为自由的，而非先前那样本质自由而显现为决定论主导。

这种说法是否过于乐观或者理想化？难道不存在利益驱使的审美活动吗？的确，就初级层面而言，审美行为仍然以实用为导向。尽管口味的提升让我们不满足于单纯的果腹，而进一步追求食物的精美，但首要原则还是可以食用。更高层面的审美活动也不能彻底抛开功利目的，当代艺术市场中这方面的事例俯拾即是。但总有些审美行为不求实利，比如中国与法国的园林里都不种庄稼，这些园林服务于良好生活而非生存与经济。更加高级的审美行为甚至意在求取对话与尊重的普遍准则，不仅考虑人类，而且考虑自然。

此类行为从世界的角度出发，其审美态度与对自然的技术态度不同，不是利用开发自然，而似乎是意图改善自然与文化的良好愿景。总之，审美不仅为人类也为这个世界开拓了众多自由的疆域。

（王弘远　译）

1　可参见本书第三篇。

第六篇

创造性与偶然性
——为何意外让人进步

问题背景

在欧洲,"创造性"很是流行了一段时间。不仅艺术中讲求创造性,近来经济领域也开始大谈创造性。突然之间,诸如设计师、软件开发师、创新服务提供者这类"创造性的人"备受好评。他们成为驱动经济发展的新力量。似乎不管是城市抑或乡村的美好生活,还是社会与世界的未来,都有赖于这些人的创造性。创造性已然成为 21 世纪最重要的原材料,它是后工业社会的石油。[1]

谈论或者鼓吹创造性时,我们脑海中浮现的创造模式是什么?有的人将其设想为:一个人突发奇思妙想,继而持之以恒地努力付出,终于跨越重重阻碍实现目标。因此创造行为拥有两大特征:新奇独特与目的明确。但是这个模式值得怀疑。

我认为这种标准模式存有缺陷。因为它太片面。意图明确、目标清晰的行为常常会走进死胡同,面对绝境难寻出路。在我看来,创造性活动不仅追求最终目标的实现,而且关心边际条件、附带效果、巧合、意

---

[1] 参见 Andreas Reckwitz, *Die Erfindung der Kreativität—Zum Prozess gesellschaftlicher Ästhetisierung*, Berlin: Suhrkamp, 2012。

外。这些要素常常把我们领到或者诱惑到更好的方向上。人人都有相关的经验。比如，我们在什么地方有更多的奇思妙想？是在高速公路或者联邦公路上飞驰之时，还是在地方道路甚或乡间小路穿行之时？抑或步行在大自然中，自在悠游，抛弃杂念之时。这时，平日苦思冥想的难题突然迎刃而解，或者灵光一闪，新思突现。[1]

偶然性与意外的区别

有必要澄清偶然性与意外这两个概念的区别。传统用法里"偶然的"指事情既非必要又非不可能，可以这样也可以那样，或者既可以存在也可以不存在。偶然性的范围相当宽广，我们所知的大部分事情都是偶然的。

"意外"的概念要具体得多。一般认为，意外只能发生在偶然性范围之内。但是说某件事"很意外"意味着更多东西。"偶然性"只指向"逻辑空间"，而"意外"既指向逻辑空间中的真实事件，又强调其"出乎意料"与无常。一件发生概率高达 99% 的事也是偶然的，但我们不会称其为意外。意外或者"随机"意味着小概率，意味着个别事件。

有一种源远流长的哲学传统不承认意外。它认为意外也遵循必然规律，只不过有时规律过于隐秘，因而显得无章可循。意外与否其实与观察问题的角度有关。就生物的视角来看，陨石撞击地球引发生命灭绝只是偶然事件，但天体物理学可以解释此事发生的必然性。这种看法或许有理，但天文学眼中必然发生的陨石冲击对地球生物来说，只是生存过程中的偶然事件，其后果只能用"生物学"而非天文学衡量。改换这样的参照系，完全可以承认陨石撞击地球确是意外。因此，尽管哲学中

---

[1] 参见我的"Kreativität durch Zufall—Das große Vorbild der Evolution und einige künstlerische Parallelen"，收入 *Blickwechsel—Neue Wege der Ästhetik*, Stuttgart: Reclam, 2012, pp.252–291。

的外在论试图用相对主义解释意外，消解意外，但难以成功。上述事例从生物学角度可见偶然，其他情况下从生命世界的角度来看或许也是如此。没人会否认一周一次的彩票开奖遵循物理规律，但对彩民来说，中奖与否纯属偶然。

意外的生产能力——以艺术为例

意图明确的行为容易走入死胡同，寻不到出路，与之相比，意外常能另辟蹊径，带我们走出绝路。这种事例在艺术这个几百年来创造性的基本领域中很是普遍。下面试举几例。

古　代

第一个例子源自古代。普林尼（Pliny）《自然史》第 35 卷记载了一件趣事。画家普罗托基尼斯（Protogenes）想画一只口吐白沫的狗，然而如何恰当地表现白沫难倒了他。普罗托基尼斯试了一次又一次，却总不满意。按照普林尼的记载，这是因为画家觉得画出来的白沫过于虚假，一看便知"是画出来的"，而非"从狗嘴冒出"。[1] 普罗托基尼斯用海绵擦掉画出的白沫，一遍遍重画，依旧徒劳。气急的画家看着自己画出的白沫，抓起蘸满颜料的海绵，一把扔了上去。结果奇迹出现了，一片完美的泡沫出现在恰当的位置上。普林尼写道："所以意外给绘画带来了自然效果。"[2] 意外毫不费力地实现了意图明确的行为苦寻不到的结果。

1　Pliny the Elder, *Natural History*,［XXXV］.
2　Ibid. 这则轶事引起许多哲学家的关注，如塞克斯都·恩披里克（Sextus Empiricus）与黑格尔。他们稍微变动了故事内容：狗变成了马，故事的主人公也变成了古代最著名的画家阿佩莱斯（Apelles）。不过故事的寓意没有变化：有意识的艺术行为完不成的效果因为意外而轻松又完美地实现了。

文艺复兴

普林尼笔下的这则轶事为文艺复兴时的艺术家所熟知[1]，不过最初被当作反面教材。波提切利（Sandro Botticelli）不喜风景画这种类型，他借普林尼笔下的故事讽刺风景画家只需往墙上扔一块饱蘸颜料的海绵，便留下一块颜色，里面能看出美丽的风景。所以风景画既简单又滑稽。[2]

莱昂纳多·达·芬奇的看法不同。他认为波提切利的指责说明他对风景画知之甚少。[3]《论绘画》的重要段落指出意外是艺术想象与创造性的基本媒介，并且提到了墙面的作用："我这里要提出一种新的观察的方法。这方法看似微不足道甚至滑稽可笑，但对刺激大脑想出各种发明大有裨益。你应该看看潮湿污染的墙面或色彩斑驳的石头。倘若你正想构思一幅画面，就能从这些东西中看到神奇风景的形象，纵横分布的山川、河流、岩石、树丛、平原、山谷、丘陵。还能看到战争场面和施行暴力的奇怪人物，种种面部表情，多彩的服饰，那些能组成完整形象的无数混杂元素。观察这些墙面与石块，如同耳边钟声环绕，你能发现一切可以想象到的名称与字眼。"[4]

莱昂纳多紧接着描述了这些随机形象对想象力的激发能力："我建议你们时常驻足观察墙上的污痕、火焰的余烬、天上的云朵、污泥以及其他块面状事物。只要思索得当，你能收获奇思妙想。……因为头脑容易被混杂与变幻的事物刺激，生出种种妙想。"[5]

由此，莱昂纳多展示了此类随机结构的重要性，它们能够带来新的

---

1 参见 Horst Woldemar Janson, "The 'Image Made by Chance' in Renaissance Thought", 收入 *Essays in Honor of Erwin Panofsky*, vol.1, ed., Millard Meiss, New York: New York University Press, 1961, pp.254−266。
2 参见 Leonardo da Vinci, *Treatise on Painting*, Codex Vaticanus Urbinas, 1270, §57。
3 莱昂纳多讽刺波提切利风景画 "索然无味", ibid., §48。
4 Ibid., §63.
5 Ibid.

图像与想法。画家创作风景画或者战争画前心中或许已有某种观念，但是完全依托这个观念创作的画面难免琐碎平庸。莱昂纳多的看法是，我们往往在半睡半醒时才能抓住自己的想法与意图，被随机结构激发后心神才能彻底清醒。这时脑海中抽象的、程式化的观念被替换成更值得表达的具体、丰富、惊奇的视觉效果。所以画家只有接纳视觉与想象力的偶然，才能获得创造性的作品。

值得一提的是，中国艺术史出现过与之相似的建议。11世纪的画家宋迪曾这样指点陈用之："汝先当求一败墙，张绢素讫，倚之败墙之上，朝夕观之。观之既久，隔素见败墙之上，高平曲折，皆成山水之象。心存目想：高者为山，下者为水；坎者为谷，缺者为涧；显者为近，晦者为远。神领意造，恍然见其有人禽草木飞动往来之象，了然在目，则随意命笔，默以神会，自然境皆天就，不类人为，是谓'活笔'。"[1]

20世纪前卫艺术

意外最终成为20世纪前卫艺术家的重要主题，比如马拉美（Mallarmé）[2]、超现实主义（surrealist）[3]，还有更具代表性的马塞尔·杜尚。

《三个标准的终止》是杜尚创作的第一件随机作品。不过这件作品

---

1 转引自 Ernst Gombrich, *Art and Illusion. A Study in the Psychology of Pictorial Representation*, Princeton University Press, 1960。也可参见 Charles Lachmann, "'The Image Made by Chance' in China and the West: Ink Wang meets Jackson Pollock's Mother", *The Art Bulletin* LXXI/3（1992），pp.499-510。

2 代表诗作《骰子一掷不会破坏偶然》(*Un coup de dés jamais n'abolira le hasard*, 1897年发表第一个版本，1914年发表修订版）启发了众多艺术家，如杜尚、布勒东（Breton）、毕加索、约翰·凯奇。

3 超现实主义艺术家发明了独特的随机创作法。比如"无意识写作"（écriture automatique），多明格斯（Dominguez）的模印画（decalcomanias），马克斯·恩斯特的擦印画（Frottage）和拼贴画（Collage）。超现实在美的界定中也强调偶然，如洛特雷阿蒙（Lautréamont）说美是"缝纫机与雨伞在解剖台上的偶然相遇"（"the random encounter of a sewing machine and an umbrella on a dissecting table"）。André Breton, *Les Vases communicants*［1932］，收入 *Œuvres complètes*, vol.2, Paris: Gallimard, 1992, pp.101-209，此处引文见第140页。

当时并不轰动，杜尚本人也不清楚它的意义所在[1]。他只是尝试着把意外用到创作中。然而，随着经验累积，杜尚越发体会到意外在艺术中的巨大"潜力"，于是全身心地投入其中。[2] 由此，杜尚无意中走向新道路，并且慢慢意识到这是一条光明大道。

他相信公众与自己一样，只有经过一段时间的缓冲才能接受这种创作方式，并且意识到这是最为现实的方式："（人们）相信所有事都要有目的、有计划地完成。他们慢慢会发现意外也是创作的可能方法。事实上，整个世界都建立在意外之上，至少我们生活中的遭遇都是意外。"[3]

自从杜尚一系列开拓性的作品出现之后，意外的作用成为20世纪五六十年代高雅艺术与音乐的常见主题。非定型艺术（Informel，代表人物是弗特里埃、沃斯、杜布菲、波洛克）强调画面的偶然效果，偶然音乐（the musical aleatorics，凯奇、布列兹、斯托克豪森等）开创了融合偶然因素的作曲方式。[4] 引领者无疑是约翰·凯奇。他从1951年的《变之音乐》(*Music of Changes*) 开始运用随机方法作曲，展现"音乐内部"（intra-musical）的偶然性。随后不久，"音乐外部"的偶然性也被带入作品，比如1952年的沉默音乐《4′33″》。这件作品的内容不是钢琴家弹奏的音符，而是观众面对无声表演时发出的声响。在之后的许多作品里，凯奇不仅把偶然因素用于创作，也把它融合进表演过程中。可以说，凯奇的音乐试验是现代艺术运用偶然性的最佳范例。

---

1 杜尚把三根一米长的线从一米高的地方丢下，然后记录下随机的结果。
2 杜尚本人对这个过程的记述是："那时我给自己的未来拧上了发条。那件作品本身不是非常重要，但是它开拓了新路，让我从传统的艺术表现手法中挣脱出来。最初我没有意识到自己已经走在新路上，拧发条时未必能够听到声响，声音逐渐浮现。《三个标准的终止》是我与过去告别的宣言。" Arturo Schwarz, *The Complete Works of Marcel Duchamp*, vol.1, London: Thames and Hudson, 1969, pp.128 f.
3 Marcel Duchamp, *Die Schriften: Zu Lebzeiten veröffentlichte Texte*, ed., Serge Stauffer, Zurich: Ruff, 1994, p.97.
4 杜尚也是偶然音乐的第一位践行者。1913年，他创作了两首乐曲名为《错误音乐》。

意图与意外的交互作用

前文引用了杜尚的说法，他认为意外是创作的可能方法。这个表述十分精当，因为他没有说意外是唯一的方法。杜尚的作品尽管充满偶然性，但同时也是精心制作的产品。意外本身创作不出艺术品，真正创作作品的是运用意外的艺术家。不仅杜尚，其他的偶然艺术家也是如此，比如上文提到的画家波洛克与沃斯，音乐家凯奇与斯托克豪森[1]。

传统艺术中就有精心运用意外创作的艺术家，如莱昂纳多，他不直接把墙面或者石头的偶然效果照搬到画布上，而是从这些元素中获得灵感然后精心创作。不过这些元素的模糊效果最后会体现出来，而这就是他作画"晕染法"（Sfumato）的秘密。艺术史中尚有其他倡导偶然性的艺术家，他们的创作与之相似。比如1787年莫扎特设计了《音乐骰子游戏》（musical dice game），投掷骰子来决定每小节的演奏顺序。[2] 甚至他那些著名的曲目也不时出现偶然状况。[3] 而诺瓦利斯（Novalis）直言诗歌源于偶然。[4]

---

[1] 凯奇《变之音乐》的创作过程是艺术精心运用"偶然"的绝佳案例。他首先预置了填满内容的若干表格，包括声音、速度、时长、力度四种，然后还有一个用于组合前四种表格元素的叠加表格。每个表格包含64项，与《易经》的卦数吻合。具体元素的选择也取决于利用《易经》算法投掷硬币得出的结果。因此，整个作品一方面包含预先规划的复杂结构，另一方面，具体元素的选择完全随机。这是有意设计与随机情况的完美结合。这部作品运用的不是纯然的"意外"，而是预置结构允许的"偶然"。

[2] 《音乐骰子游戏》的副标题写作"由两个骰子组成的华尔兹或农民舞"，虽然不成音乐，但还是要把它理解为音乐作品。

[3] A sketch leaf on Adagio KV 516 中的一页手稿展示了莫扎特对偶然方法的运用，他构思了一则小步舞曲，结构与《音乐骰子游戏》很像：用字母标记独立的华尔兹片段，组合方式与骰子游戏类似。类似的组合也出现于莫扎特的其他作品中，最著名的是他最后一部交响曲《朱庇特》（Jupiter Symphony）。音乐的骰子游戏不是莫扎特的专利，它在1757—1813年之间十分流行，创始人是约翰·菲力普·克恩伯格（Johann Philipp Kirnberger），其他作曲家如卡尔·菲利普·艾曼纽·巴赫与约瑟夫·海顿（Joseph Haydn）都曾尝试。

[4] Novalis, "Das Allgemeine Brouillon（Materialien zur Enzyklopädistik 1798/99）", 收入 *Schriften*, ed., Paul Kluckhohn & Richard Samuel, vol.3：*Das philosophische Werk II*, Stuttgart: Kohlhammer, ³1983, pp.205-478, 此处见第451页［953］。

所以关键不是意图与意外的对立，而是二者的"联合"，是二者的"相互作用"。艺术创作不能拒绝偶然，而是需要融合偶然，不执迷于规划好的既定方向，允许改变与修正。出色的艺术家是意外的同盟。

葛饰北斋（Hokusai）便是极好的范例。这位日本画家的木版画启发了19时期末期欧洲的许多艺术家。有一次葛饰北斋以著名的龙田河（Tatsuta River）为对象作画，想要描绘秋季枫叶飘落在河水中的景象。他首先画出蜿蜒的河水，随后让一只踩过橘红颜料的公鸡跑过画面，爪印留在画布如同飘落河面的枫叶。[1] 正因为熟悉公鸡的行动方式，葛饰北斋才能借这种微妙的意外效果营造生动的画面。

给生活留些偶然

最后把视野拓展到我们的日常生活。我的建议十分简单：日常生活是我们最为个人化的创造性领域，同样应该保持目标明确与随机应变的平衡。如同杜尚提倡的那样，我们需要给偶然留下空间，承认它的创造性，把偶然性视为朋友。尽管人们一般把自身处境视为目标明确的个人发展的结果，然而事实上，所有人都是被众多随机的决定引到当下的生活方式。

只要我们真诚地回顾自己的人生轨迹，就会发现偶然事件对我们何等重要。我们的职业决策、伴侣选择、兴趣爱好等方方面面都充满了偶然。诚然，人人都有自己的性情与偏好，但仅靠这些无法完成所有的人生规划。选择、希望、可能性的实现都需要足够的巧合与偶然。我们四处寻求冲动的满足与愿望的实现，或许最终能够找到答案，也可能发现自己早已拥有。所以，即便在个人生活中，也不能迷信必然性，无视偶然性的作用与价值。许多时候，巧合就足以让人进步。

---

[1] 参见 Ernst Kris & Otto Kurz, *Die Legende vom Künstler*［1934］, Frankfurt/Main: Suhrkamp, 1980, pp.72 f。

生活中有许多场合需要意外发挥作用。打开名人传记就能看到多少巧合决定了他们的人生道路，最终让他们功成名就。又比如到图书馆找书的人，常常发现相邻的书更有价值。还有咖啡馆里的顾客，或许发现对邻桌的人比自己的约会对象还要渴慕。

再者，我们都知道意外在进化过程中的重要意义。微弱的量子涨落导致宇宙大爆炸的发生，恰好宇宙初始阶段夸克相对反夸克具有微弱优势，使得宇宙成为物质而非反物质的存在。生命的发展同样充满偶然，不论是从无机物中诞生的生命，还是奇迹般生存下去的皮卡虫。它是地球上第一种脊索动物，出现于5亿年前的寒武纪，是包括人类在内的所有脊椎动物的祖先。所以，宇宙层面的偶然性早已存在。如果偶然性能够带来不可思议的、拥有灵智的完美实体（所有有机物都是兼具内部一致性与外部适应性的奇迹），那么我们有理由相信偶然可以为我们的生活带来惊喜。不要排斥偶然、否定意外，而要理解那些偶然的时刻是我们的生命之源。比如生命的节奏——心跳，充满了微小且偶然的变化，直到我们死前的几小时才会完全变成匀速。生命与偶然性、死亡与规律性的关系在这件事中颇显意味深长。

我们需要珍视偶然性的财富。它并非理所当然，也不仅是必然性的一种。与到处苦寻必然性相比，向偶然性敞开的生活更加幸福、更加人性化。

（王弘远 译）

第七篇

历史上的跨文化特性
——以艺术中的作品为例

从20世纪90年代开始，我一直在阐述一种新的文化观念：跨文化特性观念。这种观念的基本意思是旧的国家文化观念已经过时，"文化"不再被国家之间的界限所限制，现在的"文化"是不同文化之间的交融。这种现象不仅仅是宏观方面的——每一种文化都在自身中融合了其他不同的文化潮流——而且也是微观方面的：人们以他们自己的文化特征涵括和融合不同的文化类型。这种身份认同不再是核心结构，而是枝状结构或网状结构，它们远远超越了传统文化和国家文化虚构的边界，整合了本地、国家和全世界的元素，简而言之，它们是跨文化的[1]。

在这一篇中，我将特别阐述：跨文化特性不是最近才有的，它早已是历史的规律。也许跨文化特性的一些表现和形式在今天看来是新鲜的，但实际上这些事物已经是先前的跨文化的事物了。我这里想阐明这种历史性的跨文化特性的自我-自然特性。我将以艺术中的一些事例为

---

[1] 我首次将这种观念写在"Transkulturalität—Lebensformen nach der Auflösung der Kulturen"上，刊于 *Information Philosophie*（1992），vol.2, pp.5-20。英文译本是："Transculturality: The Puzzling Form of Cultures Today"，收入 *Spaces of Culture: City, Nation, World*, eds., Mike Featherstone and Scott Lash, London: Sage, 1999, pp.194-213。也可参见"Transkulturalität-neue und alte Gemeinsamkeiten"，收入我的 *Immer nur der Mensch?—Entwürfe zu einer anderen Anthropologie*, Berlin: Akademie, 2011, pp.294-322。最新的版本是我的 *Transkulturalitat: Realität—Geschichte—Aufgabe*, Vienna: New Academic Press, 2017。

证：视觉艺术、音乐、文学、建筑学和舞蹈。

古希腊及其起源

我们可以以古希腊这个所谓的西方世界文明的摇篮为第一个例子。很长一段时间里人们都认为，希腊文化是单纯地从自身起源的。这是个十足的错误。假如没有埃及和西亚、巴比伦尼亚和腓尼基，希腊文化不可能诞生。几乎40%的古希腊词汇都来自闪米特语这一事实非常有力地支持了这一点。

希腊文化的多根源性可以通过对雕塑的考察进行确认。希腊雕塑是以埃及样式为基础的。我们首先来看看埃及雕塑横跨1 300年的作品。

令人惊奇的是，这整段时期中的雕塑风格几乎没有什么变化。例如埃及第5王朝（公元前2563—前2423）的雕像《拉诺菲》(*Ranofer*，孟菲斯 [Memphis] 首席祭司，现藏于开罗埃及博物馆，图7-1），雕像都有腰带和戴帽子，保持着直立的姿势，左足前伸，手臂紧贴身体，手掌握成拳状。

我们现在来看看早期希腊雕塑是如何继承这种埃及风格的。

迪普隆（Dipylon）的作品《来自阿提卡的站立青年》(*Standing Youth from Attica*，现藏于纽约大都会艺术博物馆，图7-2）的姿势也是埃及风格的，左足也是前伸，戴的帽子也很像埃及风格；只是雕像赤裸，手臂开始（与身体两侧相）分离，形体变得更生动。

60年后雕塑，如《泰内亚青年雕像》(*Kouros of Tenea*，现藏于慕尼黑古代雕塑展览馆，图7-3、图7-4）风格依然变化不大，但雕像的表情更加愉快。脸部开始放松——雕像青年保持着微笑。

40年后，刚健的埃及雕塑风格依旧稳定，但是雕像具有了更多内在细节的表达——注意观察胸部和腹部（如《克罗伊斯的墓前像》[*Grave statue of Croisus*]，约公元前520年，现藏于雅典希腊国家考古博物馆）。

随后 60 年，希腊雕塑发生了现在认为是其典型特征的改变：雕像具有了自己的特点，它不再模仿那种僵硬的、外在的、严谨受限的风格，而具有了一种有机生命似的特征——它在空间中具有了其独有的表现形式。比如两座雕像《阿波罗》(*Apollo*，图 7-5 为根据青铜原像复刻的大理石雕像，推测出自艾伊娜岛的奥纳塔斯［Onatas of Aigina］，现藏于伦敦大英博物馆；图 7-6 为根据菲狄亚斯［Phidias］青铜作品复刻的大理石雕像，现藏于卡塞尔的威廉高地宫）以及《头戴王冠的青年男子雕像》(*Diadumenos*，根据波利克里特［Polyklet］青铜原像复刻的大理石雕像，现藏于雅典希腊国家考古博物馆，图 7-7)，人物的手臂和动作，都透露出自有的特征。

从静态到动态的转变，以及放松的姿态，在接下来的几十年间一直维持着。严肃的埃及风格变成了自由的和充满趣味的。对置法（支撑腿和闲置腿）几乎可以造成舞蹈般的优雅效果。

顺带一提，古希腊的哲学发展同样经历过一段由固化静止到多样化和自由的转变时期。前苏格拉底学派是古希腊最早的哲学家们，他们住在小亚细亚，模仿着亚细亚的风格去寻求世界的一致性，寻求表象世界的深层统一性，他们总结出了不同的方式：将世界归结为水、气、火、心灵等等。最后，这种研究在巴门尼德（Parmenides）对于存在和存在与思维的统一性的极端严谨的强调中达到顶点。但不久之后，这种统一性崩塌了。巴门尼德的信徒芝诺（Zenon）敏锐地阐述了这种崩塌（比如他著名的芝诺悖论：跑得最快的阿喀琉斯（Achilles）却追不上一只乌龟）。从这点来说，哲学是对一系列复杂而精微的论题的提问，以期寻找到更新更好的答案。推动思想前进的合适动力已经形成。从此，伟大的雅典哲学及其他时期的哲学已经上路。人们能够在雕塑的发展中发现和哲学发展进程同样的趋势。

在所举的两个例子中，我们可以清楚地看到：古典时期的自由之所以能够产生，是因为埃及和近东文化的根源以及不同文化风格的融合与发展。没有埃及与中东就没有希腊。它们都属于希腊文化基因的一部分。希腊文化实际上具有跨文化特性。

丢勒——一个"德国"艺术家？

随后的几个世纪，后希腊和后罗马的欧洲文化也依然在相互交融。比如货物贸易或是艺术史。这些风格都是跨国家性质的。许多艺术家都是在远离故土的地方创造出他们最好的作品。

阿尔布雷希特·丢勒（Albrecht Dürer）是这方面的杰出典范。他常常被认为属于德国艺术家中最为出色的那一群人。但是丢勒是在意大利首次认识他自己，然后在第二次到访意大利时完全地成为了他自己。

当然，他在纽伦堡和迈克尔·沃尔格穆特（Michael Wolgemut）一起接受过严格的教育。但随后他开始到各处游历：1490—1494年间在荷兰，在阿尔萨斯和巴塞尔。在短暂地回到纽伦堡后不久，他又在同年首次启程前往意大利，他去了加尔达湖，最后到了威尼斯，遇到了贞提尔（Gentile）和乔凡尼·贝里尼（Giovanni Bellini），他被意大利绘画深深吸引，在他回家之后，出现了一种绘画和美术上的艺术风格剧变。

他在回家后的一年，即1496年，开始创作《圣母子》(*Haller Madonna*，现藏于华盛顿美国国家艺术博物馆，图7-8)，即使相对于乔凡尼·贝里尼的作品来说，这也是相当长的一段时间。这一点只是说明意大利对这位"德国"艺术家的影响。

随后雅各布·德巴尔巴里（Jacopo de' Barbari）造访了纽伦堡，丢勒从他那里得知可以通过一种理想美的比例方案来绘制人物形象，于是他第二次启程前往意大利（1505—1507年）。他希望在威尼斯找到这种方法的更多细节。

丢勒在 1506 年为威尼斯的德国商人协会教堂创作的《玫瑰花环的盛宴》(*Rosary Festival*，现藏于布拉格捷克国家美术馆，图 7-9）一直享有很高的声誉。当地总督许诺给他 200 弗洛林的年薪，只要他将来一直在威尼斯工作。于是一个"德国"艺术家在威尼斯获得了最高认同。艺术从来没有国家之间的严格界限，艺术从来都在不同国家相互交融。

乔凡尼·贝里尼被丢勒认为是他那个时代最好的画家，所以丢勒肯定在威尼斯弗拉利荣耀圣母大教堂圣器室看过他的作品《圣母子与圣徒》(*Virgin Mary Enthroned, with Christ Child and Saints*，图 7-10）。丢勒的作品《圣母子》的主要风格受到了贝里尼作品的影响，在丢勒的著名画作《四使徒》(*The Four Apostles*，现藏于慕尼黑老绘画陈列馆，图 7-11）中，也明显在局部细节上受到了其影响。

所以我们可以看到，德国和意大利的元素在丢勒身上交融，只有这样他才可能成为我们所熟知的伟大的欧洲艺术家的代表。跨文化特性存在于欧洲文化进程中是毋庸置疑的。

音乐中的跨文化特性——从莫扎特到扎帕及以后

现在我们转向另一个历史时期，讨论另一种艺术形式——音乐。由于 15—18 世纪的土耳其战争，土耳其音乐被吸收进了欧洲音乐当中。最知名的例子是维也纳古典乐派。在莫扎特的歌剧《后宫诱逃》(*The Abduction from the Seraglio*，1782）中，其序曲和土耳其风合唱部分的灵感非常明显受到了土耳其音乐的激发。莫扎特在 1781 年 9 月 26 日写给他父亲的一封信中提到过此事："这首歌剧的土耳其风合唱部分满足了其可能提出的所有要求：简短和明快，完全是为维也纳人所写的。"[1]

---

[1] *Die Briefe W. A. Mozarts und seiner Familie*, ed., Ludwig Schiedermaier, vol.2, Munich & Leipzig: Georg Müller, 1914, pp.121 f.

另一个例子是莫扎特的 A 大调十一号钢琴奏鸣曲（KV 33），它以著名的《土耳其进行曲》结尾（"土耳其风"），还有 A 大调第五小提琴协奏曲的终章（KV 219），有时被看作是"土耳其风的演奏"。在海顿、贝多芬、拉莫（Rameau）和萨列里（Salieri）的作品中也能发现土耳其风格的元素。土耳其音乐一般来说在人群中非常流行。从 18 世纪末期到 19 世纪开端，人们大多在周日早上听"土耳其风音乐"——这就是军事教堂音乐会的由来。军人的好战欲望在音乐中转化为平和的愉悦。政治上的战争变成了艺术上的和平。跨文化具有令人愉悦的特性。

近年来，人们在尝试融合欧洲古典音乐和土耳其-阿拉伯音乐。一个非常好的例子是一本 1997 年出版的名为《莫扎特在埃及》[1] 的纪念册。它非常神奇地揭示了莫扎特风格的音乐是如何与现代埃及音乐相互转化的。

所以，就像在其他领域一样，我们可以看到跨文化性在音乐中是如何出现的。莫里斯·拉威尔（Maurice Ravel）吸收了匈牙利和美国蓝调的元素，甚至还涉足了亚洲的音乐。伊戈尔·斯特拉文斯基（Igor Stravinsky）是跨文化方面的大师：他利用大量不同的音乐语言创作片段性的作品，因为他痴迷于这些声音的不同音色和韵律（"从音乐的角度看，巴别塔是一种恩典"）；在他的作品中，流行音乐、新古典音乐、民谣和十二音技术被统一在一起。还有奥利维埃·梅西安（Olivier Messiaen），他不仅将鸟鸣融进了他的作品（"一般人利用合成器创作，而我利用鸟类创作"[2]），而且还将格列高利圣歌（Gregorian chorales）和印度拉格旋律（Indian raga rhythms）融合在一起。还有弗兰克·扎帕（Frank Zappa），他尝试过世界上所有的音乐类型。他与皮埃尔·布列兹

---

[1] 这本纪念册包含了许多不同艺术家的作品，由修斯·德·库尔松（Hughes de Courson）主编。
[2] 顺带提一下，莫扎特在这一点上已经超过了他。莫扎特在 1784 年 5 月 27 日买了一只欧椋鸟。这只鸟能够模仿他的《G 大调钢琴协奏曲》的第三乐章。当莫扎特在钢琴上创作时，他身旁笼子里的鸟纠正了他。"这实在太美了！"莫扎特在他的乐谱上写道。然后他把欧椋鸟的变奏收录在终章里。

的现代协奏曲是他们协作的典范；布列兹提供了一些作品片段，这些片段使扎帕涌起了协奏曲的创作激情；两种完全不同的音乐文化（同时也是爱好者文化）走到了一起并产生了强烈的共鸣。还有当代丝绸之路协奏曲，它综合了丝绸之路上的不同音乐风格和乐器，同时还将所有的音乐特征融合在了一起，包括一些小众的风格流派比如重金属风格和爵士风的变种。今天，不同文化传统之间的跨文化交融是不言而喻的。[1]

歌德——什么是"德国式的"？

我们现在再回到欧洲文化，同时转向跨文化特性的另一种艺术形式——文学。

1808年正值拿破仑战争以及德国抗击拿破仑运动高潮，歌德受巴伐利亚州部长尼特哈默尔（Niethammer）的请求，以德国教育为目的出版一套抒情诗歌集。令尼特哈默尔吃惊的是，歌德回复说"不存在什么德国"，"也许只是德国人中的一小部分人认为有德国，而这恰恰不是德国"，如此一来，翻译应该被看作是"我们文学不可或缺的部分"。[2] 因此，对于歌德来说，荷马（Homer）、萨福（Sappho）、莎士比亚（Shakespeare）以及瓦尔特·冯·德尔·弗格尔瓦伊德（Walther von der Vogelweide）和格里梅尔斯豪森（Grimmelshausen）都是德国文化的奠基人物。歌德曾说："人们必须明确地提及外国的优点，因为这本书也是给孩子们的，他们此时尤其需要有对外国优点的认知。"[3] 这个当然是对国家主义观念的反抗。歌德已经意识到并且对"德国式的"内部跨文

---

1 在这一点上，克劳迪亚斯·陶伯特（Claudius Taubert）、莱因哈特·沃尔什娜（Reinhard Wolschina）以及萨德·加齐（Saeedeh Ghazi）提供的材料对我的帮助非常大。

2 Johann Wolfgang von Goethe, "Schema zu einem Volksbuch, historischen Inhalts", 引自 *Goethes Werke*, Section I, vol.42.2, Weimar: Böhlaus Nachfolger, 1907, pp.418–428, 此处为第420页。

3 Johann Wolfgang von Goethe, "Lyrisches Volksbuch", l. c., pp.413–417, 此处为第417页。

化特性表明了态度。[1]歌德可以被看作是德国跨文化研究的奠基者。

楚克迈耶——若干种迁徙的背景

歌德所引发的德国跨文化特性不仅仅只在文化领域有所影响，而且波及了伦理层面。作家卡尔·楚克迈耶（Carl Zuckmayer）曾在《魔鬼的将军》(The Devil's General)中通过哈罗斯（Harras）将军对哈特曼（Hartmann）中尉的谈话描述这种神奇的东西："……想象一下你的族谱——从耶稣的诞生开始。然后是个黑人罗马提督，晒成了像熟橄榄一样的棕色，然后教给白人女孩拉丁文。然后家里出了个做香料生意的犹太商人，他生性严肃，在结婚之前就是基督徒，并且确定了天主教的家族传统。——然后又出了个希腊医生，或是一个凯尔特军人、劳宾登州雇佣兵、瑞典骑兵、拿破仑军队步兵、被遗弃的哥萨克骑兵、黑木摆渡者、阿尔萨斯的闲散磨工、荷兰的大块头水手、马扎尔人、潘杜尔游骑兵、维也纳官员、法国演员、波西米亚音乐家——他们所有人都生活过、战斗过、醉倒过、歌唱过并在莱茵河畔有过孩子——而且——而且歌德、贝多芬、古腾堡（Gutenburg）和马提亚·格鲁尼沃尔德（Matthias Grunewald）都来自这同一个地方——哦！去翻翻百科全书吧。他们都是，我的朋友！他们都是世界的精华！为什么？因为人民在那儿交汇融合。"[2]——这是对"人民"内涵历史成因的真实描述。它消解了同质性因素。我们所有人都具有若干种伦理的和迁徙的背景。

顺便提一句，近年来的基因科学研究已经证明，欧洲人的基因组是

---

1 Johann Peter Eckermann, *Gespräche mit Goethe in den letzten Jahren seines Lebens*, Munich: Beck, ²1984), p.439 [early in March 1832].

2 Carl Zuckmayer, *Des Teufels General*，收入 *Werkausgabe in zehn Bänden*, vol.8, Frankfurt/Main: Fischer Taschenbuch Verlag, 1978, pp.93-231, 此处为第149页。

混合的——即当今欧洲人的基因组大部分是外来移民的。[1] 所以，当代德国人的 DNA 有大约 45% 是来自非洲的祖先种群（说到底我们从人类起源开始就是跨文化的），而超过 45% 的 DNA 是来自中东的外来移民种群，剩下的 10% 是来自北欧的外来移民种群。

这些外来移民带来了惊人的文化革新。大约在 7 500 年前，欧洲人从狩猎和采集时代过渡到农业和畜牧时代（"新石器革命"），而在中东则是在 11 000 年前。在这个时代（7 500 年前）的文化转变中，欧洲人的基因组发生了巨大的变化——从那时起，欧洲人只保留了大约一半的非洲祖先的基因组，另外 45% 是有中东人基因组的特征——这可能与欧洲人在转变至农业和畜牧时代时受到中东来的移民影响有关。欧洲的新石器革命不是欧洲人自己的革命，而是其他文化革新民族带来的赠礼。同样的，4 500 年前的第二次移民潮也影响了欧洲人的基因组，这是由住在黑海北边的北欧人大量涌入欧洲导致的，这次移民潮也深刻影响了欧洲的文化：它使得印欧语言广泛传播开来。

所以，欧洲文化很大程度上都是被一股股移民潮所左右。考虑到这种情况，我们也许可以设想，对于即将到来的移民浪潮，我们所考虑的不应仅仅是它带来的问题，而且还有它带来的文化机遇。

毕加索：亚威农少女——一个跨文化灵感的例子

我们现在来看看现代艺术以及毕加索 1907 年的画作《亚威农少女》(*Les Demoiselles d'Avignon*)。一般来说，这幅画作被认为是现代艺术家受非洲雕塑影响的第一幅作品——这种观点可以通过作品右边戴着类似非洲面具的女人来获得支持。

---

[1] 参见 Johannes Krause et alia, "Ancient human genomes suggest three ancestral populations for present-day Europeans", *Nature*, doi:10.1038/nature13673（2014）。

但实际上的情况有些不一样。确实,毕加索在 1907 年参观了巴黎民族学博物馆,并发现非洲雕塑对他艺术创作的重要性。但他究竟是如何考量这种重要性的?

毕加索曾回忆说:"我知道我为什么是个画家。当我看到这个博物馆里的面具,看到印第安人似的缝线玩偶,看到脏兮兮的人像时,《亚威农少女》就浮现在我的脑海里,这不是因为那些看过的东西,而是因为这是我第一幅具有魔力的画作,是的!"[1] 他还说:"人类创造这些面具和其他这些东西是因为神圣的目的,因为不可思议的目的,人类将它们当作自己和未知邪恶力量之间的媒介者,人类通过赋予它们形式并将它们具体化来克服自己的恐惧和惊骇。此刻我意识到这一点,并知道绘画的意义除此之外什么也不是。绘画不是一种美学上的行为,它是一种魔法,它的意义在于成为我们与外部世界的媒介。……当我意识到这些后,我知道我找到了自己的道路。"[2]

所以,激发毕加索的创作的不是那些风格或形式流派,而是一种奇特的艺术类型——这种艺术类型不在于创作美的艺术形式,而是与咒语和魔法有关。

这个例子说明,跨文化特性不用结合不同的形式——像做拼凑工作一样结合欧洲和非洲的风格形式,也能在态度倾向上发生作用。在毕加索看来,这只需借鉴一种不同的艺术类型(非洲的),然后以自己的方式(欧洲的)呈现出来。

后现代建筑学:拼凑性作品还是跨文化作品?

我们现在从现代转到后现代,来看看后现代的建筑学领域。后现代

---

1 André Malraux, *La tête d'obsidienne*, Paris: Gallimard, 1974, pp.18 f.
2 Françoise Gilot & Carlton Lake, *Leben mit Picasso* [1964], Munich: Kindler, 1965, p.252.

主义有许多主张成为它的基本原则。[1] 不同的文化类型被整合在同一件作品中。在这个意义上，后现代的工作是一种具跨文化特性的工作。但是，是仅仅将不同类型的元素拼凑性地简单罗列在一起，还是将它们真正地相互关联相互渗透融合，这里面具有非常大的区别。

斯特林（James Stirling）设计的新斯图加特州立博物馆（图7-12）就像是一个拼凑性作品。不同的建筑元素（例如外墙的巨大石块、申克尔式的圆形大厅，还有那堵古典现代主义的运动幕墙、漆成流行色的栏杆扶手）都只是互相分开地排列在一起——这项设计与其说是跨文化特性的，不如说是杂合文化特性的。

让·努维尔（Jean Nouvel）设计的阿拉伯世界研究所就不一样。努维尔对于不同文化类型之间的运用非常漂亮，他的设计是真正跨文化特性的。[2]

建筑正面的方形图案是像摄影机光圈一样的图案，可以根据白天的光照情况进行伸缩调节（图7-13），从而控制内部的采光程度。功能和美观元素被完美地交融起来。这些元素同时还可以被看作是现代高科技和阿拉伯传统元素的集合。

在内部，高科技设备和阿拉伯工艺品的相互关系几近达到了一种不可思议的完美和独特（图7-14）。简而言之，这座基本上由铝材料建造而成的灰白色调高科技建筑设计得如此完美，以至于人们有身处阿拉伯

---

1 莱斯利·费德勒（Leslie Fiedler）曾呼吁结合高级与低级、挥霍与节制、神秘与现实、理想世界与机械世界。他将后现代作家定义为"双向代理人"，是"栖息在技术世界和欲望世界中的人"（Fiedler, "Cross the Border—Close the Gap", *Playboy*, Dec. 1969）。查尔斯·詹克斯将这种观念应用到建筑学上："后现代主义试图克服精英们的言论，但不是通过禁令废止，而是通过将建筑学语言扩展出许多方面——乡土的、传统的、大众的商业术语等等。由于这种进一步的扩展，建筑学不仅仅面向了精英阶层，而且也面向了大众阶层。"（Charles Jencks, *Die Sprache der postmodernen Architektur—Die Entstehung einer alternativen Tradition* [1977]，Stuttgart: Deutsche Verlags-Anstalt, 1980, p.8.）

2 这座研究所获得了法国政府和19个阿拉伯国家的联合支持，旨在增进对阿拉伯文化和法国公共文明的研究。

宫殿之感。努维尔没有将欧洲和阿拉伯元素拼凑起来，而是创造了可以同时以两种视角解读的新形式。他创造的是真正的跨文化建筑。

云门舞集——跨文化的民族骄傲

我们现在来看看另一种艺术形式——舞蹈。一个典型的例子是在1973年成立于台湾的云门舞集舞蹈团。它带来了叹为观止的文化交融性。

这个舞团将西方古典与现代风格和亚洲传统风格（太极、气功、武术和书法）交汇融合在一起。可以说，它以平滑性的流动动作创造出的形式新颖的舞蹈面貌是一种"亚洲版的天鹅湖"。西方和东方的灵感融合成了一种新的艺术形式。

非常值得注意的是，这个舞团在台湾非常受欢迎。虽然在云门舞集中台湾文化只占一部分，但是它已经变成了台湾人引以为傲的对象。2003年8月21日，云门舞集舞蹈团的30周年创立日被台北市政府定立为"云门日"。这里，人们可以看到，在发达社会中，民族骄傲不是由单个民族决定的，而是应具有鲜明的跨文化特性。

不同艺术形式之间的转换

在这一节中，我们不仅讨论不同的艺术形式，还要看看不同跨文化特性的形式。不同类型的艺术交汇融合时，就产生了不同的跨文化特性形式。

由于同一原因，美国画家马克·罗斯科（Mark Rothko）激发了日本作曲家细川俊夫（Toshio Hosokawa）的灵感。细川俊夫运用罗斯科创作两种相近颜色画作的方法来创作音乐。在他的曲子《风景5》(1993)中，他利用"两种相近颜色方法来使用独奏部分和弦乐部分"[1],"这两部分碰撞并融合在一起"。"调和两种相同的颜色——这是我从罗斯科那里学到的。"[2]

当代移民潮

最后,我们来看看移民和跨文化特性的两个当代例子。

澳大利亚艺术家塔尼亚·布卡尔(Tanja Boukal)创作了一系列人们包裹在毛毯中的照片,并将这幅作品命名为《欢乐颂》(*Ode to Joy*,图 7-15)。[3] 这种毛毯是特制的:它是由高品质的山羊绒做的白色蕾丝边毛毯,并且是由艺术家自己做的。在毛毯中间印有欧洲人的颂歌(席勒的《欢乐颂》),这些文字由针织的铁丝围绕,并在外圈围上了篱笆状尖端(图 7-16)。

我们来看看席勒《欢乐颂》颂诗的第一节:

欢乐啊,美丽的神奇的火花,	Joy, beautiful sparkle of god,
极乐世界的仙姑,	Daughter of Elysium,
天女啊,我们如醉如狂,	We enter, fire-drunk,
踏进你神圣的天府。	Heavenly one, your shrine.
为时尚无情地分割的一切,	Your magics bind again
你的魔力会把它们重新连接;	What custom has strictly parted.
只要在你温柔的羽翼之下,	All men become brothers
一切的人们都成为兄弟。	Where your tender wing lingers.

---

1 独奏部分是 Shô 音,这种发音经常用于较威严的日本音乐中。
2 Toshio Hosokawa, *Stille und Klang, Schatten und Licht. Gespräche mit Walter-Wolfgang Sparrer*, Hofheim: Wolke, 2012, p.126.
3 毛毯的尺寸是 150×190 厘米,这 44 张海报都是 30×45 厘米。

塔尼亚·布卡尔带着这条毯子去了梅利利亚，这是一个在非洲土地上的西班牙飞地，它的一边是摩洛哥，另一边是地中海。梅利利亚是非洲难民前往欧洲的跳板之一。但是整座城市都被 6 米高的围墙围住了。

　　塔尼亚·布卡尔在围墙的两边给这些难民都照了相，每个难民都穿着这块昂贵的毯子，并被欧洲的崇高理想所淹没。[1] 这件作品一方面展示了欧洲的博爱理想（这也是这些难民的理想）——同时，另一方面，又展示了欧洲的隔离与拒斥。看过这些东西的人们将不再保持冷漠。艺术能使我们惊醒。

　　在我最后举的这个例子中，跨文化特性依然是讨论的主题。芬兰艺术家雅尼·莱诺宁（Jani Leinonen）在他的作品《不服从学校》(School of Disobedience，现藏于赫尔辛基奇亚斯玛艺术博物馆，图 7-17）中展示了一系列深红色的短语句子，它们写在类似于简易木屋的墙板上。那些字像血一样流淌着细线。

　　　　嗨，你好：
　　　　你吃的披萨是意大利的。你吃的烤肉是土耳其的。
　　　　你的民主是希腊的。
　　　　你喝的咖啡是巴西的。你看的电影是美国的。
　　　　你喝的茶是泰米尔的。你穿的衬衫是印度的。你用的原油是沙特的。
　　　　你用的电器是中国的。你用的数字是阿拉伯的。
　　　　你用的字母是拉丁的。
　　　　然后你抱怨自己的邻居是移民过来的？
　　　　好好看看自己吧！

1　这些照片印在了 44 张海报上。

还需要任何评论吗？跨文化特性是我们的日常现实——这一点无法被否认或反对。

小　结

上面举的例子只是非常小的一部分。跨文化特性已经成为一种历史性的事实，决定着众多文化的形式，几乎有无限多的材料可以引用——亚洲的、非洲的、美洲的等等。当代的跨文化特性也不是一种新兴的现象。跨文化特性是人类历史的规律，既是历时的又是共时的。

但不管怎么说，我们人类是生物性的，而且是彻头彻尾的混合和跨文化生物。我们所具有的决不仅仅只有人类的特征。例如，我们体内的大量微生物，无数的细菌生存在我们的皮肤上，住在我们的口腔、肠道甚至肺里。而且只有这样我们才能存活。这些细菌所拥有的基因组同时也在我们的基因组中。其中的比例几乎令人难以置信。我们的全部基因组（包括人类的和细菌中属人的）中只有10%是人类特有的，其余都是和细菌共有的。我们由10万亿细胞组成，但是我们体内和体外近身的细菌数量是其10倍之多。这其中还不包括那些我们常见的病毒种类。如果把这些都计算进来，那么我们人类特有的基因组将占不到10%。我们人类在生物构成上就是由不同的细胞文化组成的，我们在生物学的意义上就是多文化的和跨文化的。

而且从演化的视角来看，我们人类在很长的时间跨度上都是混合型生物。我们是整个生物王国的漫游者。人类胚胎的发育最开始并不像一个人类胚胎，而是像鱼，然后像两栖动物，然后像蝾螈或是蜥蜴，然后像哺乳类爬行动物，在第18周的最后才看起来像个人类。人类胚胎的发育再次经历了人类演化的整个过程——从鱼类到两栖动物，从爬行动物到哺乳动物。因此，我们人类不仅仅是"人"，而且在身体上是混合的。我们具有与果蝇同源的基因，具有水母所拥有的胶原蛋白、蜗牛的学习机制、灵长类的目标意识等等。

还有一点，我们所有人都有着共同的非洲祖先，包括后几代的子孙——从欧洲人到亚洲人，甚至到现代人属的不同亚种。我们在本质上都是多元的。

这一点在文化层面上已经持续了4万多年。从那个时代开始（向文化进化的过渡），人类已经走上了文化多样性的新道路。它有时候通过分工来进行，有时候通过贸易交流来进行，而且经常通过结合和改造已经存在的文化模式来产生新的文化形态。不仅仅人类个体是变化性生物（从出生到童年、青年、成年到死亡，从早年接受的教育、社会关系和职业的变化，到老年的惊人转变），而且人类社会也经常和其他团体相互交融影响，并且总是处于不断变化之中。每一种一开始包含着跨文化特性的文化形态迟早都会转变为更复杂的跨文化形态。跨文化特性不是某种外在于我们的东西，而是与我们共存的、使我们成为我们的东西。我们要做的就是向我们的真实结构敞开自己，对当代跨文化特性的形态更加敏感，从而能够在其中更加合宜地行动。

（熊腾　译）

第八篇

"啊!朋友,何必老调重弹!"
——音乐美学概述

音乐并不存在，因而也没有什么"音乐美学"

我们不要期待这样一种音乐美学：它可以适用于任何种类的音乐，好像只要掌握了它，我们就可以彻底解决有关音乐的一切美学问题。这样万能的音乐美学是不存在的，音乐（就一般而言的艺术也是如此）的本性就排斥这样一种美学。音乐只能以多样性的形式存在，它是由众多在文化和历史上互不相同的音乐类型组成的集合体。且不论音乐起源于什么，单看我们这个包含各种各样文化的世界，在其中音乐已然显现出各式不同的形态；甚至在某一特定的文化传统里，音乐也会依次发展出不同的范式，所以音乐不能简单地通约为同一性质，或用同一标准来衡量。我们不能用格利高里时期的音乐标准来评判巴赫的音乐，也不能从通奏低音（basso continuo）[1]的角度批评勋伯格（Schoenberg）的作品。谁要真的这么做了，那就是鸡蛋里挑骨头的蠢材。

罗伯特·穆齐尔（Robert Musil）曾说，科学的美学试图寻找的是一块能够建筑起美学大厦的"万能砖"，而这种虽合适却愚蠢的尝试乃是

---

[1] 巴洛克时期的一种记谱和演奏方式。——译者注

一种误导。[1]根本不存在什么万能砖,对音乐和音乐美学来说,我们需要的是具体的规定和说明。这是因为"音乐"本身并不存在,存在的只是各种各样的音乐,音乐美学也必须避免抽象普遍,而要用详细具体的方式去进行反思和考察。

然而,这并不意味着在形形色色的音乐中不存在任何共性,不存在任何可以被普遍地讨论的东西——这么说似乎是一个矛盾。比方说,单音(note)就是各类音乐都具有的成分,没有不是由单音组成的音乐。其实,音乐风格和范式的多样性有点类似于文化的多样性:它们的确呈现出林林总总的差异,但它们又的确拥有一些共通性("普遍性"的东西),比如面部表情、姿势、维持自身生存以及组成共同体生活。[2]只有事先说清楚了文化的普遍特征,才能继续深入讨论文化中的各种具体差异性。同样,我们应该——我也很乐意——先从普遍的角度研究音乐,然后再讨论那些不具共性的各种差异。

什么是单音?

本文的第一个主题是单音。什么是单音?在这里我们必须提及黑格尔的《美学讲演录》(*Lectures on Aesthetics*),这是黑格尔在1818—1829年间做过六遍的讲演,并由他的学生霍托(Hotho)整理出版。在本文的讨论中,我会时常引用黑格尔在《美学讲演录》中的论述。这样做并不是因为我是黑格尔哲学的信徒,而是因为在我看来,黑格尔对音乐美学的思考完全触及了事情的核心。

---

1 Robert Musil, *Tagebücher*, ed., Adolf Frisé, Reinbek bei Hamburg: Rowohlt, 1976, p.449;本条日记大约写于1920年。

2 参见我的"Transkulturalität-neue und alte Gemeinsamkeiten",收入 *Immer nur der Mensch? Entwürfe zu einer anderen Anthropologie*, Berlin: Akademie, 2011, pp.294-322。

黑格尔对单音的思考采取了现象学的方式。在他看来,单音乃是音乐最基本的本质。现实中你听说过没有单音的音乐吗?[1] 单音对音乐来说是本质性的,是音乐不可缺少的要素。是啊,正如人们所常说的,"声音构成了音乐"。

所以,什么是单音?黑格尔称,单音之所以能被乐器产生出来,是因为乐器发生了"震颤"[2]——要么是弦乐器的琴弦的震动,要么是管乐器的空气柱的震动,如果是定音鼓的话就是鼓面的皮革的震动。无论如何,产生单音的一定是震动的乐器,而不是静止的乐器。[3]

其次,尽管如此,单音还是摆脱了乐器的束缚,成为了自由的、四处传播的空气震动。黑格尔将此归纳为一种"对外在性的双重否定"[4]。第一步,是乐器的物理静止状态被抛弃了;第二步,是不仅乐器发出声响产生单音,声响同样也渐渐消失,即取消了自身的实际存在[5]。与乐器相比,单音是自由如风的存在,它们没有乐器那样固定的持存,不会像交响乐团的布局那样一个挨着一个地摆在那里。单音并不遵守外部事物的逻辑;它稍纵即逝,与其说是物质,不如说是一种观念。总体而言,黑格尔将单音视为取消外在性与通向内在性的现象——这一点非常重要。在外部事物的逻辑中,不同的对象不能占据同一位置,只能并置——就像乐团里的乐器那样。但对于单音来说,这种外部事物的法则是束缚不

---

1 约翰·凯奇的《4′33″》是一个边缘性的例子,它之所以有意义,完全依赖于这一点——一般而言音乐都是由声音构成的。

2 Georg Wilhelm Friedrich Hegel, *Aesthetics. Lectures on Fine Art*, trans., T.M. Knox, Oxford: Oxford University Press, 1975, p.890. 中文译文见黑格尔著,朱光潜译:《美学》,第三卷[上],北京:商务印书馆,1979年,第331页。下同。

3 黑格尔提到了一种"双重否定"(引用同上):首先,乐器的部分结构发生偏转("否定了空间状态",同上),然后它们又回到一开始的位置(否定本身"又被物体的反作用否定了",同上),声音就是"双重否定的表现"(同上)。

4 同上。

5 声音"就是一种随生随灭,而且自生自灭的外在现象"(同上)。这"外在现象的双重否定"就是"音乐的基本原则"(同上)。

住它的。在同一位置上（比如，你坐在一场音乐会的现场），你可以同等地听到不同乐器产生的不同声音。当单音脱离乐器时，它也就脱离外在性的限制。而最终它将走向对外在性的彻底否定，即随着单音的渐渐消散，它也就完全从外部世界中消逝了，只能存留在听者的记忆里。

在黑格尔看来，单音完全是表现由外在性向内在性过渡的现象。过渡的第一步从物质性的乐器开始，单音摆脱了乐器的束缚；第二步是单音又取消了自身那相对来说仍颇具观念性的外表；第三步，随着单音的消散，声音只能在听者的记忆里继续存在，因此声音也就成了完全内在的东西，成了具有精神形式的存在[1]。正是由于这由单音引起的向内在性的过渡，声音才可以作为表达内在性的最理想的媒介。[2]

单音与内在性（主体性）

这就将我们引向了黑格尔论音乐的第二个主要问题：主体性。声音循着的是一条从外在通向内在的道路，所以在黑格尔看来，就表现内在性与主体性而言，音乐是一种十分典范的艺术形式。

音乐是如何与主体性关联起来的呢？首先，让我们澄清一下黑格尔的术语"主体性"是什么意思。当黑格尔说"主体性"的时候，他指的不是我们人类个体间的差异性，指的不是在个体主义意义上每个人态度和判断的主观性，即某人喜欢的某东西可能会引起另一个人的厌恶等。黑格尔的"主体性"指的是，就事实而言，我们有这样一个基本特征：

---

1 "……声音的余韵只在灵魂最深处荡漾，灵魂在它的观念性的主体地位被乐声掌控住，也就转入运动的状态。"（Knox, p.892. 中译见《美学》第三卷［上］，第333页。）

2 "通过这外在现象的双重否定（这是声音的基本原则），声音和内在的主体性（主体的内心生活）相对应，因为声音本身本来就已比实际独立存在的物体较富于观念性，又把这种较富于观念性的存在否定掉，因而就成为一种符合内心生活的表现方式。"（Knox, p.890. 中译见《美学》第三卷［上］，第331—332页。）

我们有内在生活，有既是精神性又是情绪性、既是思想性又是心理性的内在生活。我们并不因为我们的肉体而仅仅生活在物质世界之中，我们不仅拥有外在世界，在其中，每个对象都占据一个特定的时空位置；也拥有与其完全不同的内在的、心理的、精神性的存在。这种内在生活是完全无法从外在角度进行认识的。从外在领域人们只能观察到内在的标志，比如某人看起来是忧心忡忡的、喜气洋洋的或怒火中烧的。但这些信号标志也有可能是假装出来的。内在性只能在内在的领域里展示自己。

这种内在存在具有极大的丰富性，但同样无比地变动不居、反复无常：我们时而跟随某个想法，时而跳到另一个；我们会经历各种心情间的变换；我们可以极度兴奋也可以极度冷漠，可以喜开颜笑也可以悲不自禁。如此种种都是可能发生的。在黑格尔看来，主体性就其自身而言"没有结合到固定的内容而受到定性，……而是一种不受拘束的自由运动"[1]。

在音乐的存在方式和主体性的存在方式间，黑格尔发现了一种直接的契合。可以这么说，音乐就是主体性的有声音的对应物。因为音乐的基础是单音，它组成了从外在性向内在性的过渡，因而音乐的形式是符合主体性的。这样一来，"主体性本身"就是音乐的合适内容。[2] 音乐的独特潜能就是表达主体性自身。[3]

让我们通过比较音乐、绘画与诗歌来把问题说得更清楚明了一些。[4]

---

[1] Knox, p.952. 中译见《美学》第三卷（上），第 404 页。
[2] Knox, p.891. 中译见《美学》第三卷（上），第 332 页。
[3] "……所以适宜于音乐表现的只有完全无对象的（无形的内心生活），即单纯的抽象的主体性。这就是我们完全空洞的'我'，没有内容的自我。所以音乐的基本任务不在于反映出客观事物而在于反映出最内在的自我，按照它的最深刻的主体性和观念性的灵魂进行自运动的性质和方式。"（同上。）
[4] 对黑格尔来说音乐是一种浪漫型的艺术，是"由绘画所用的抽象空间感性到诗的抽象心灵性之间的转捩点"。（Knox, p.88. 中译见黑格尔著，朱光潜译：《美学》第一卷，北京：商务印书馆，1979 年，第 111 页。）

与绘画和诗歌不同的是，音乐完全不具有将自己物质化的倾向，而是与内在的流动性、主体性密切相关。哪怕绘画要表现的是一种完全主体性、主观性的东西，它也不可避免地要为这个东西创造出一个在外在世界（画作）中持存的客体。音乐则通过它那"不固定的自由动荡"[1]撇开了它的外在形式（声音的序列）。至于诗歌，它确实不会创造外在的对象，但它通过产生高度明晰的观念而创造出所谓内在的对象，在这些对象中，我们的精神活动仿佛形成了透明的结晶。相比之下，音乐则保持在不怎么明晰的状态里。[2] 它从来不向产生它的心灵运动提供词语和概念所具有的那种明确性。[3] 故而，作为整体的音乐既不打算提供在外在世界中持存的对象，也不打算提供内在世界里的清晰固定的意义。音乐是运动中的艺术，它不会把主体性固定下来。[4]

另须注意：有一个被大家普遍认可的传统观念认为，音乐是"情感的语言"。这确实不错，我们的情感确实会被音乐所打动。但从黑格尔的角度看，这个传统观念实际上是狭隘的。音乐不仅能激发我们的情感，也能激发我们的思想和记忆，它调节的是我们的整个内在生活。它不能仅被理解为情感的语言，而应被理解为整个主体性的语言。

---

1 "音乐的内容是在本身上就是主体性的，表现也不是把这主体的内容变成一种在空间中持久存在的客观事物，而是通过它的不固定的自由动荡，显示出它这种传达本身并不能独立持久存在，而只能寄托在主体的内心生活上，而且也只能为主体的内心生活而存在。所以声音固然是一种表现和外在现象，但是它的这种表现正因为它是外在现象而随生随灭。"（Knox, p.891. 中译见《美学》第三卷［上］，第332—333页。）
2 参见 Knox, p.892。中译见《美学》第三卷［上］，第333页。
3 "声音系统固然和心情有联系而且和心情的精神运动协调一致，但是它所引起的只不过是一种朦胧的情感共鸣。"（Knox, p.899. 中译见《美学》第三卷［上］，第342页。）如果在听音乐的时候我们确实把握到一些更清晰明确的东西，那它们"只是我们的情感和观感，尽管是由音乐作品所激发起来的，却不是直接由它对声音的音乐处理所造成的"（Knox, p.900. 中译见《美学》第三卷［上］，第342页。）
4 "通过音乐来打动的就是最深刻的主体内心生活；音乐是心情的艺术，它直接针对着心情。"（Knox, p.891. 中译见《美学》第三卷［上］，第332页。）"音乐就是精神，就是灵魂，直接为自己发出声响，在听到自己的声响中得到满足。"（Knox, p.939. 中译见《美学》第三卷［上］，第389页。）

关于黑格尔对音乐的基本观点，我们就说这么多。他从对单音的现象学分析开始，最终将音乐归于主体性的艺术。——现在让我们看一看这种理论的后续影响。

音乐与内容

首先，对于音乐与内容的关系，黑格尔一遍又一遍地强调音乐主要是关于单音和声音的。他强调，单音之于音乐，并不像词语之于诗歌等其他艺术的例子那样是仅仅为内容服务的（"只是把人类语言器官所发出的语音降低成单纯的符号"，成为"言语的奴仆"）[1]。音乐"任声音独立地成为音乐的因素，正因为它是声音，就把它作为目的来处理"[2]。音乐创作只专注于"纯粹的声音"[3]。外在性的规定，比如文本或内容，必须给声音让步。黑格尔其实是第一位（这一点很少被人注意到）"纯音乐"[4]的理论家。

然而，黑格尔也遇到了一个困难。如果音乐真的彻底远离了内容并沉湎于音符的纯粹游戏，那到了最后，音乐很可能就丧失了艺术之为艺术的必要因素，即"精神性的内容及其表现"[5]。因此黑格尔说："只有在用恰当的方式把精神内容表现于声音及其复杂组合这种感性因素时，音乐才能把自己提升为真正的艺术。"[6]

---

[1] Knox, p.898 u., p.899. 中译见《美学》第三卷（上），第 340 页。

[2] Knox, p.899. 中译见《美学》第三卷（上），第 341 页。

[3] Knox, p.895. 中译见《美学》第三卷（上），第 337 页。"音乐所特有的威力是一种天然的基本元素的力量：这就是说，音乐的力量就在于音乐艺术用来进行活动的声音这种基本元素里。"（因而也就在于一种比词语和意义更为基础的现象里。）（Knox, p.906. 中译见《美学》第三卷［上］，第 349—350 页。）

[4] Knox, p.902, p.952, p.954. 中译见《美学》第三卷（上），第 344、404—405 页。

[5] Knox, p.902. 中译见《美学》第三卷（上），第 344 页。

[6] 同上。

但这又是如何可能的呢？精神性的东西是如何被感性的单音表达出来的呢？是因为音乐能与歌词文本配合来获得"精神性的内容及其表现"吗？当然不是。在黑格尔看来，音乐必须以自身为媒介，通过自己的方式来产生精神性内容，即通过声音和作曲来达到目的。它不能表现在诗歌和宗教信仰里已有了的内容，而应该表现在主体性和内在性领域（也就是音乐的特有领域）中产生并鲜活起来的内容。让内在性及其"生命和能量"在音符中鸣响，这是"分配给音乐的艰巨任务"[1]。

为了达到这一目的，人们当然可以把文本作为一种促进因素来使用——但也只能当作音乐创作的促进因素，而不能把它当作音乐必须服从的典范和准则。[2] 正是出于此种考虑，黑格尔才高度赞赏意大利的歌词和剧本，比如诗人麦塔斯塔西欧（Metastasio）的作品，因为这些文本本身是粗枝大叶、单薄平庸的，这就给音乐留下了自由发挥的空间。相比之下，他称席勒的诗"谱成乐曲就显得笨重不合适"[3]，它们有太多的规定、太多的预设、太多的深邃思想。这对贝多芬的《第九交响曲》来说可不是什么好苗头——后面我会谈到这个问题。

人声——"灵魂本身的声音"

黑格尔赋予了一种一般而言不算作乐器的乐器以特殊地位：人声。对于黑格尔的音乐思想所最关注的东西——内在性来说，人声与之有着

---

[1] Knox, p.902. 中译见《美学》第三卷（上），第345页。

[2] 这就是黑格尔（出乎许多人意料地）十分赞赏罗西尼（Rossini）的原因。根据黑格尔的说法，罗西尼由于"对他的歌词往往不忠实"而赢得了一种自由。这自由可以"让他的乐曲随意自由驰骋，使得听众只有一种选择：或是拘守题材，对和题材不一致的旋律感到不满，或是放弃内容，无拘无碍地全神贯注，享受作曲家的自由的信任灵感的旋律以及其中的灵魂"。（Knox, p.949. 中译见《美学》第三卷［上］，第401页。）

[3] Knox, p.901. 中译见《美学》第三卷（上），第343页。当然，黑格尔也承认席勒的诗歌"本来就不是为配乐而写的"（同上）。

最紧密的关系，因为歌唱就是"灵魂本身的声音"[1]；在歌唱中，人类的内在性用自己的方式使自己成为可听的。"……在一切其他乐器里，只是一个与灵魂和情感漠不相关的、在性质上相差很远的物体在震动，但是在人的歌声里，灵魂却通过它自己的肉体发出声响。"[2]

但在人声这一语境下，黑格尔再一次提出了音乐和文本的关系这一问题，因为一般来说，唱歌不会只通过"啦啦啦"来表情达意，歌曲总是有意义的歌词文本。但另一方面，文本在歌唱中的地位不能是首要的。这是因为文本的演唱对于音乐的内在价值而言是一种损害吗？还是说，当音乐使用最高级的乐器——人声时，不一定要用有文本的伴唱？黑格尔的回答是"并非如此"。他的意思只是说音乐不能被当作文本的陪衬，而应该颠倒过来：歌词是要为音乐服务的。对于预先存在于文本中的内容，作曲家必须用音乐自身的恰当方式来表达，哪怕在他决定要使用某文本当作歌词时也应如此。他不应该如一般人所言，把内容设置到音乐里，而是要用音乐的独特方式去重新创造它——这样一来，相对于单纯用文本表达内容，作曲家就很有可能通过音乐把内容表达得更加令人信服、更加情感充沛。

所以，人声的独特之处并不在于它通过歌唱文本来表达意义，而在于通过人声，音乐的真正顶峰——人类的灵魂最直接地把自己表达了出来。

最完美的音乐：纯器乐

最后，黑格尔做了最终的也是最彻底的一次迈进。黑格尔认为，在最极端的意义上，最完美的音乐就是完全排除了文本、词语和歌唱的纯粹器乐。它是主体性的纯粹表达。因为主体性自身就是"没有结合到固

---

[1] Knox, p.922. 中译见《美学》第三卷（上），第369页。
[2] 同上。

定的内容而受到定性"[1]，可以自由无碍地通行于各处。就此而言，任何文本的特定性都是不合适的，因此黑格尔写道："音乐如果要成为纯粹的，它就必须……完全抛弃文字的明确性，从而得到完全的自由。"[2]

所以，对黑格尔来说，只有纯粹的器乐才是"'独立的音乐'这一领域"的统治者[3]。在这个领域里，文本和人声都不复存在，音乐的主要旨趣只在于"和声与旋律的运动的往复与起伏，进展方面的快慢，轻重段落分明和轻妙流利，凭音乐所能掌握的一切手段对旋律的精心刻画，即各种乐器在合奏中承续转变低回往复之类所表现的艺术性的协调"[4]。

不过，我们仍需注意一个小小的风险。假若音乐要远离所有预先给予的材料和内容，那么作曲家就很可能仅仅把心思放在音乐的精致巧妙上[5]，最后令作曲家自己的"主观任意性变成了毫无约束的主子，……可以自由驰骋奇思幻想，运用突然的中断、俏皮的玩笑、使人迷惑的紧张、匆促的转变、跳跃和闪电式的运动以及出人意料的效果等等"[6]。在黑格尔看来，这无疑是丧失了所有思想性的光辉，走上了堕向无精神性领域的道路。对此，黑格尔要求作曲家不仅要关注音乐的结构，也要关注音乐

---

[1] Knox, p.952. 中译见《美学》第三卷（上），第 404 页。
[2] Knox, p.952. 中译见《美学》第三卷（上），第 405 页。一部分人声称人声代表了音乐的顶峰，而另一部分人认为器乐才是音乐的顶峰。在这两种声明之间显然存在着张力与冲突，不过这张力并没有像它显现的那么大。在黑格尔看来——他的看法非常独特，但十分有趣——哪怕在人声中，尤其是在歌剧中，"作曲家和听众都倾向于完全摆脱歌词的内容而把音乐作为一种独立的艺术来处理和欣赏"（Knox, p.953. 中译见《美学》第三卷［上］，第 405 页）。所以，所有音乐都会向独立于词语和文本的"纯粹音乐"倾斜。声乐和器乐的区别最多只是程度上的区别。
[3] Knox, p.953. 中译见《美学》第三卷（上），第 404 页。
[4] Knox, p.953. 中译见《美学》第三卷（上），第 406 页。
[5] Knox, p.954. 中译见《美学》第三卷（上），第 407 页。
[6] Knox, p.955. 中译见《美学》第三卷（上），第 408 页。

内容的表达。[1] 但正如前文所说的，音乐内容还是要从音乐结构中产生。

卡尔·达尔豪斯与黑格尔对贝多芬"雄辩的沉默"

黑格尔关于音乐的论述极其宏博。尽管这些论述是系统性的，黑格尔仍然在其中多次提到个别的音乐家，比如帕莱斯特里那（Palestrina）、格鲁克（Gluck）、海顿、莫扎特、韦伯（Weber）、罗西尼和巴赫。出人意料的是有一位作曲家却没被他提及：贝多芬。

这个现象非常令人费解。因为黑格尔常常参加柏林和维也纳音乐会，他必然知道贝多芬的音乐创作，也不会对19世纪20年代贝多芬在柏林的赫赫声名闻所未闻。伟大的音乐学者卡尔·达尔豪斯（Carl Dahlhaus）在1988年写道："黑格尔对贝多芬保持沉默"是一种"需要破译的雄辩者的沉默"。[2]

达尔豪斯有意把这一现象解释清楚。他指出，在黑格尔的沉默背后，一方面是"对贝多芬所选用定的器乐方向根深蒂固的怀疑"，另一方面是"对直言反对一种具有不可怀疑声望的音乐现象的犹豫"。[3]

达尔豪斯最后认为，他在黑格尔的《美学讲演录》里找到了一段含

---

[1] "所以比较深刻的作曲家即使在器乐里也要同时注意到两方面，一方面是内容的表现，尽管还很不确定，另一方面是音乐结构。"（Knox, p.954. 中译见《美学》第三卷［上］，第407页。）

[2] Carl Dahlhaus, *Klassische und romantische Musikästhetik*, Laaber: Laaber-Verlag, 1988, p.235. 引文翻译引自尹耀勤的中译本（长沙：湖南文艺出版社，2006年），第184页。黑格尔几乎不可能没在柏林听过贝多芬的音乐会。而且从黑格尔的遗物来看，人们甚至有理由相信他在自己家里安排过贝多芬作品的演奏。此外，安娜·蜜尔达-豪普特曼（Anna Milder-Hauptmann）和亨丽埃特·桑塔格（Henriette Sonntag）等著名歌唱家都与黑格尔有私人交往，而她们也参演过贝多芬的著名作品：蜜尔达-豪普特曼于1815年参演过《费德里奥》，桑塔格则在1824年《第九交响曲》在维也纳的首演中担任独唱女高音。

[3] Dahlhaus, *Klassische und romantische Musikästhetik*, l. c., p.236. 中译见《美学》第三卷（上），第185页。

蓄地批评贝多芬的文本。[1] 他所指出的文本正是我在前文所引用过的那段，在其中，黑格尔称赞音乐不像诗歌，它不会因语言而令音符受辱，它只把自身当作目的。但是，紧随其后的是一段很明确的批评性的论述："特别是在近代，音乐已经摆脱了本身独立的原已清楚的内容意义，而退回它特有的因素里，因此不免日益丧失掉音乐对整个内心世界的大部分威力，因为它所提供的乐趣只有艺术一个来源，所满足的只是对单纯的音乐创作的熟练技巧一方面的兴趣，这是音乐行家所注意的一方面，和一般人类的艺术兴趣没有多大关系。"[2]

据此，达尔豪斯认为黑格尔视"绝对音乐"[3]为"歧途——它是人们必须为赢得外形的多变而遭受'一般人的艺术兴趣'衰老体弱的损失"[4]。在达尔豪斯看来，黑格尔认为"纯粹音乐"只是"萎缩的结果"，是"不完善的音乐形式"。[5]

看到这里，我们不能不难以置信地睁大眼睛。达尔豪斯几乎是离题万里了。令人费解之处在于，达尔豪斯竟然完全没有指出黑格尔对纯器乐的明显偏好，反而掩盖了它。在前文中，我们已经看到，对黑格尔来说，彻底摆脱了文本、语词与歌唱的纯器乐代表了最完美的音乐，是音乐发展的最高阶段，这根本不是"萎缩"或"音乐模式的不足"。[6]

1　准确来说，达尔豪斯认为这是黑格尔对霍夫曼（E. T. A. Hoffmann）为贝多芬辩护的回应。其所针对的辩护文在1810年发表于《大众音乐报》（*Allgemeine Musikalische Zeitung*），这篇文章的主要部分后来又被霍夫曼收进了他的《幻想篇》（*Phantasiestücke*）的第一卷中，因而人们认为黑格尔，这位"贪婪的读者"，肯定至少知道霍夫曼这篇文章所要表达的意思（Dahlhaus, *Klassische und romantische Musikästhetik*, l. c., p.236. 中译见《美学》第三卷（上），第185页）。实际上，在黑格尔的遗物中就有一本霍夫曼的《幻想篇》。
2　Knox, p.899. 中译见《美学》第三卷（上），第341页。
3　黑格尔自己讨论过"独立的音乐"。
4　Dahlhaus, *Klassische und romantische Musikästhetik*, l. c., p.239. 中译见《美学》第三卷（上），第187页。
5　Dahlhaus, *Klassische und romantische Musikästhetik*, l. c., p.237. 中译见《美学》第三卷（上），第286页。
6　从这一角度看，达尔豪斯显然受到了理查德·瓦格纳的影响。参见后文瓦格纳对贝多芬《第九交响曲》的评论。

尽管黑格尔警告说，过分注重"纯粹音乐结构"[1]会带来精神性内容的缺失，从而引起音乐发展的倒退，但这并不能改变纯器乐是音乐最高阶段这一结论。确实，最高音乐形式同样也可能被错失，但这无碍于其为最高。

所以说，黑格尔对贝多芬保持沉默这一谜题的答案并不像达尔豪斯所指出的那样，在于黑格尔对贝多芬的器乐创作的非议。恰恰相反，因为黑格尔认为纯器乐代表了最纯粹最高级的音乐形式，所以谜题的答案就包含在黑格尔没有提及器乐创作最杰出的代表人——贝多芬——这件事本身中。[2]

关于"纯粹音乐"的争论

在我看来，黑格尔的音乐美学很适合用来解决目前甚嚣尘上的有关音乐的争议，因为它令人信服地把看似尖锐冲突的东西结合到了一起。一个例子是出现在绝对音乐和所谓"标题音乐"间的争论，前者是纯粹的音乐，后者则有一个提前定好的外在于音乐的主题或标题（比如战争、爱情或者风景），而音乐要表现这个主题。另一个例子是形式和情感间的争论。音乐是否真的（如维也纳著名音乐批评家和理论家爱德

---

[1] Knox, p.954（中译见《美学》第三卷［上］，第407页）；亦可参见第902页（中译见《美学》第三卷［上］，第344页）所言"声音的纯音乐领域"。

[2] 当我们认识到贝多芬与黑格尔之间的相似性时，这个谜团就显得愈发难解了。因而阿多诺简练地总结道："贝多芬的音乐就是黑格尔的哲学。"（Theodor W. Adorno, *Beethoven. Philosophie der Musik*, Frankfurt/Main: Suhrkamp, 1993, p.36［fr 29］.）在论及贝多芬的《第十号钢琴奏鸣曲》时，齐格弗里德·毛瑟（Siegfried Mauser）认为，在这部作品里，"音乐和哲学的基本结构是以引人入胜的方式关联在一起的"。Siegfried Mauser, *Beethovens Klaviersonaten. Ein musikalischer Werkführer*, Munich: Beck, 2001, p.44. 阿兰·帕特里克·奥利弗（Alain Patrick Olivier）也提到了"黑格尔的逻辑与贝多芬的音乐间显著的相似性"（*Hegel et la Musique: De lèxperience esthétique à la speculation philosophique*, Paris: Honoré Champion, 2003, p.253；亦参见同书第242—250页）。

华·汉斯立克［Eduard Hanslick］所言）只是"乐音的运动形式"，只有它们才是"音乐的内容和客体"？[1] 还是说，音乐（如汉斯立克的对手丹尼尔·舒巴尔特［Daniel Schubart］所言）也包含情感，甚至是"由心灵外泄出来"？[2]

在汉斯立克这位"乐音的运动形式"的代表人这里，交汇了两种反对态度：不仅仅是对情感的反对，也是对标题音乐的反对。汉斯立克极力驳斥"陈腐的情感美学"[3]，他视标题和文本仅仅是"真正音乐"的附属，是"音乐之外"的。[4]

反观黑格尔的美学，上面这些对立在其中都是被克服了的。如前文所言，黑格尔是第一位"纯粹音乐"的理论家。[5] 这是他与汉斯立克的共同点。但我们不能凭此误解了黑格尔，认为他片面地把文本或标题当作不适于音乐的东西，并否定音乐可以表达情感。黑格尔向我们展示了"纯粹音乐"如何同样能与标题和文本结合在一起，如何同样能唤起各种情感，尤其是强烈的情感。黑格尔将标题和文本看作一种有益的刺激，它们有助于音乐产生重要的内容。但它们不能——这是黑格尔一直坚持的并且是有深刻正确性的要求——通过展现外来的内容来达到这一目的，音乐的内容必须完全通过音乐自身的方式产生出来。音乐同样可以激发情感，因为通过表现主体性的生活，音乐不仅可以把主题式的内容和思想，也可以把主体性的其他维度——比如感受、心绪、渴望和激动等——当作自身的主旨。

---

1 Eduard Hanslick, *Vom Musikalisch-Schönen. Ein Beitrag zur Revision der Ästhetik der Tonkunst*［1854］, Darmstadt: Wissenschaftliche Buchgesellschaft, 1965, p.32.

2 Christian Friedrich Daniel Schubart, *Ideen zu einer Ästhetik der Tonkunst*［1806］, Leipzig: Wolkenwanderer, 1924, pp.7 f.

3 Hanslick, *Vom Musikalisch-Schönen*, l. c., p.V.

4 Dahlhaus, *Klassische und romantische Musikästhetik*, l. c., p.282. 中译见《美学》第三卷（上），第221页。汉斯立克认为标题是任意的，文字是可调换的。

5 Knox, p.902, p.952, p.954. 中译见《美学》第三卷（上），第344、404—405页。

黑格尔音乐美学的一个巨大成就恰恰在于他将"纯粹音乐"的东西和"外在于音乐"的东西结合在了一起。黑格尔常常被视为是矛盾哲学的哲学家，但在音乐方面，黑格尔表明自己是统一哲学的哲学家。对立只是抽象的，在具体中两方面总会走到一起——至少在伟大的音乐中就是如此。

关于贝多芬的《第九交响曲》

现在让我们转向下一个谜题：贝多芬的《第九交响曲》。在这部1824年完成的作品的最后一个乐章中，贝多芬超越了纯粹器乐的领域并走向了人声（以席勒的诗《欢乐颂》为歌词）——这令他名声大噪[1]。这在此前的交响曲中是从来没有过的。不论是音乐行家还是门外汉都一致认为，《第九交响曲》最后插进器乐的声乐部分构成了其最杰出的特征。但这一转变究竟该如何理解，又该如何评价呢？

值得注意的是，这一转变并非是平静顺畅地发生的。在人声的第一次运用（男中音）中，贝多芬采用了一种十分不好听的方式来摆脱器乐，我们甚至可以将其看作一种拒斥和否定。[2] 男中音唱道："啊！朋友，何必老调重弹？还是让我们的歌声汇合成更欢乐的合唱吧！"可见贝多芬在此调转了枪头，反对前三个乐章以及第四乐章开头的器乐部分。第四乐章开头，器乐部分以几乎不成曲调的方式出现（瓦格纳［Richard Wagner］称其为"恐怖的喧哗"）；然后前三个乐章的主题一一被重现，但每一次重现都不完整，最终都被低音提琴放弃了；接着，"欢乐女神圣洁美丽"的旋律（仅是旋律，没有歌词）被缓慢地奏了出来，并从木

---

1 从1785年起，贝多芬就一直深深喜爱着席勒的《欢乐颂》，并且他的信件显示，他在居住于波恩时便已经计划为其配乐。但这一计划花费了他超过30年的时间。在经历了6年的创作和数次修改后，《第九交响曲》终于在1824年5月7日于维也纳首演。

2 更多细节参见：Stephen Hinton, "Not *Which* Tones? The Crux of Beethoven's Ninth", *19th-Century Music*, vol.22, no.1, 1998, pp.61-77。

管组逐渐向外扩散，最终达到整个乐团的合奏；但最后，一切又跌回了乐章开头那暴力的不和谐音的混乱中。这种状况随后被男中音的独唱"啊！朋友，何必老调重弹！"毫不留情地打断和驳斥了。从此刻直到结尾，席勒的《欢乐颂》在合唱团与独唱者的演唱中光芒四射，掩盖了其他一切，交响曲也在巨大的欢欣鼓舞中结束。——贝多芬究竟为什么要在演出中抛开器乐？他究竟为什么要转向人声呢？[1]

理查德·瓦格纳认为，器乐在《第九交响曲》中已经达到了巅峰，从器乐自身中已经不再可能获得更多表现力了，因而有必要转向语言和诗歌。瓦格纳视器乐——他称之为"绝对音乐"[2]——为不完满的。他抗议说，音乐与人声已经被不合自然地割裂开了；这也是他为贝多芬重新统一二者而叫好的原因。[3] 对瓦格纳来说，这无疑是朝向他所喜爱的乐剧（musical drama）或"整体艺术"（*Gesamtkunstwerk*）的一个进步。

阿多诺认为"《第九交响曲》末乐章使用人声的实际原因"是贝多芬"渴望让音乐说话"。[4] 阿多诺相信自己在贝多芬的作品中处处都能发现这种渴望。举例来说，与巴赫不同的是，贝多芬常常通过强迫音乐具有说话一样的姿态来让它"说话"。[5] 在阿多诺看来，这最终导致了《第九交响曲》向言语和歌唱的跨越。

不论如何，音乐向语言和人声的巨大转变都是不能被人们忽视的。让我们再次引用黑格尔。黑格尔至少在一点上认可浪漫主义的看法：相

---

[1] 顺便可以一说的是，一开始贝多芬并没有这般打算。在1823年的夏天，贝多芬为末乐章写了一个纯器乐的草稿——这说明直到此时他也没有决定到底该用纯器乐还是用人声。

[2] 这一表述其实是来自瓦格纳的，具体来说，是来自1846年他所作的一篇有关贝多芬《第九交响曲》的文章。所以我们不能因为经常在汉斯立克那里读到这个术语就把它追溯到汉斯立克。

[3] 参见 Carl Dahlhaus, *Die Idee der absoluten Musik*, München: Deutscher Taschenbuch Verlag, 1978, pp.24 f。

[4] Theodor W. Adorno, *Beethoven. Philosophie der Musik*, l. c., p.169 ［fr 261］。

[5] Ibid., p.54 ［fr 68］。

比于带有语言的歌唱，器乐本身是不那么明确清晰的。当一个词语，比如"恶棍"被唱出来时，我们听众不会有太多自由阐释的空间，它的意义本身就是明确清晰的；相比之下，四处回荡的音乐确实缺少那种清楚的规定性。恰恰是这种规定性的欠缺，或者说，明确表达的欠缺，为幻想、直观和想象敞开了巨大的开放空间，这在黑格尔和浪漫主义者们（还有叔本华［Schopenhauer］和尼采）看来是更可取的。这种无规定性给音乐带来了深刻性、丰富性和宽广性。就此而言，音乐向声乐的转变是很成问题的。这一转变确实给音乐增添了明晰的概念和观念，但从音乐自身的角度看，这是否算进步还是值得怀疑的。[1] 音乐会因此变得狭隘，如同树木被按照规定好的形状修剪。[2]

贝多芬的《第九交响曲》可能是世界上最成功的古典音乐作品了。但这是为什么呢？我觉得，这恐怕并非纯粹出自音乐方面的原因，而是出自其所传达的信息。四海之内皆兄弟、天国与人间获得统一、欢乐的王国屹立于世——是这些东西打动了人心。所以，吸引住听众的其实是文本和信息，在第四乐章的最后，它们成了音乐中最关键的因素。它们统治并替代了音乐。音乐或许仍在继续演奏，但它仅仅是文本的仆从。[3]

偶然音乐——另一种音乐范式

让我们转向另一个非常不同的例子，一部20世纪中叶的作品——这就是卡尔海因茨·斯托克豪森的《钢琴曲十一》，创作于1956年，并于

---

[1] 再次参见黑格尔："如果音乐要成为纯粹的，它就必须……完全抛弃文字的明确性。"（Knox, p.952. 中译见《美学》第三卷［上］，第405页。）

[2] 贝多芬的《第九交响曲》顶多就如下事实而言还有一点挽回：它通过词语产生内容，而内容又反作用于整体从而刺激了整体的扩展和升高。比如在唱到"欢乐""所有人类成为兄弟"或"上帝"时就是这样。

[3] 讽刺的是，欧洲的圣歌反而促成了由人声向器乐的发展。因为没有哪个国家的语言可以占主流，于是把圣歌改为纯器乐版本就成了一种普遍选择。

1957年在达姆施塔特首演。[1]

这首曲子的创作方式和莫扎特与贝多芬迥乎不同。在此曲中，于18—19世纪发展成熟的奏鸣曲式的那些极其精巧的规则全都不复存在。另一种完全不同的作曲规则却在其中诞生了：偶然性。

在传统音乐的发展过程中，必然性或完满性的理念是占统治地位的。在歌剧《后宫诱逃》首演之后，面对皇帝约瑟夫二世（Emperor Joseph Ⅱ）含蓄的批评，"亲爱的莫扎特，音符简直太多了"，莫扎特如此回答："我的陛下，它们和所必需的一样多。"在18世纪，完美的连贯性是成功音乐作品的理想标准和试金石，它毫无二致地适用于所有完美的作品（*opus perfectum*）。

但情况在斯托克豪森和偶然音乐（aleatorics）那里完全不同。彼处最关键的恰恰是不完满性和偶然性带来的创造力。就此而言，传统音乐与偶然音乐间的差别正好能够说明我在文章开头提到的观点：关于音乐，我们要说明的是各种不同范式的存在，哪怕在同一条发展链上（比如欧洲的音乐）也是如此。所有音乐诚然都基于单音和声音，但正如我后来试图离开黑格尔一样，现在也必须指出，这一基础在历史中反复地被用于来自不同音乐范式的不同目的和规则。我们必须避免两种片面性：所有音乐在基础上确实是一致的，但众多音乐潮流又是完全不同的。认为音乐是完全同质或异质的理论都是错误的。各种范式有着相同的基础（单音与声音），但又因文化与历史的差异而发展出完全不同的规则。同时认识到这两面对我们理解音乐来说非常重要。

现在让我们看一看斯托克豪森的《钢琴曲十一》乐谱上的一些细节。在一张很大的乐谱纸（50×100厘米）上，无规则地分布着19组音符（图8-1）；没有一组是占主要位置并能迅速吸引眼球的。斯托克豪森

---

[1] Copyright 1957 by Universal Edition（London）Ltd., London/UE12654, www.universaledition.com.

在演出说明上如此写道："演奏者应随机看向这页乐谱，并以他看到的第一组音符作为开始；他应自行选择速度……力度和触键方式。在演奏完第一组之后，他应阅读每组后面标注的速度、力度和触键方式，随机选取下一组并按照上述标注来继续演奏。"[1] 后面还有其他一些细节，此处不做赘述；当某一组音符被演奏到第三遍时，这部作品即宣告完成。

这样的安排显然会让演出的起始和发展充满了随机性，每场演出都可能包含不同数量和顺序的音符组；不仅如此，对某一组而言，声音的关联、音符的实际演奏方式、演奏时长在不同的演出中也可能完全不同，偶然性也在参与演奏。

最后斯托克豪森写道："如果可能的话，这部钢琴曲在一次音乐会中应该被演奏两次或更多次。"[2] 很明显：如果只演奏一次的话，偶然性这一特征——这部作品的核心——就不能被清楚地表现出来。

现在这部作品的演奏状况如何呢？在 2004 年秋天，柏林艺术节（Berliner Festspiele）上演了斯托克豪森的钢琴作品全集，其中自然包括《钢琴曲十一》。钢琴家的演奏令人印象深刻。演出结束后，一位同事过来问我："他是不是骗人了？"很显然，同事觉得钢琴家提前准备好了某种特定的演奏顺序，这与斯托克豪森的意愿相违背，甚至算得上是贬低了这部作品。我们讨论不出结果，就去问一位新音乐（New Music）的专家。"他当然提前想好了怎么演，"我们得到了这样的回答，"现在人人都这么干。"这位专家似乎觉得这么做没什么问题。

实际上，现在的音乐会在演奏偶然音乐时，通常都只演一遍而不是很多遍不同的版本——毕竟还要留时间给其他作品。在这种限制条件下，钢琴家很可能会乐于演奏其中某个人最能吸引人的版本，因而也就会提前进行设计和准备。但这种演出现状与偶然音乐的原则和意义是

1　参见 Hermann Danuser, *Die Musik des 20. Jahrhunderts*, Laaber: Laaber-Verlag, 1984, pp.343 f。
2　Ibid., p.344.

完全相悖的。演奏数个不同版本对偶然音乐来说至关重要，因为只有这样，听众才能体验到偶然音乐的全部意义：由同一个基质出发（作曲的结果就是如此这般的音符），在随机因素的影响下形成各种不同的演奏结果。

因而，现在的演出情况既扭曲了偶然音乐的含义，也欺骗了听众。如果有人想演奏偶然音乐，那么他就应该偶然地演奏它。不这么做，就是对偶然音乐的背叛和蔑视，就是剥夺了偶然音乐的锋芒和本质，就是把偶然音乐变成了普通的古典音乐——它被认为是美丽或有趣的，但不随机。

音乐与文化语境

现在我要讨论的是对于思考音乐十分重要的一方面。音乐不是无中生有凭空出现的，哪怕是那些不知作者为谁的音乐也反映了其所处的文化环境。因此，音乐有时会有助于我们认识和理解一些非音乐的趋势和潮流。偶然音乐也是如此，它在综合演化论（the Synthetic Theory of Evolution，是达尔文思想与遗传学的结合）——一门强调偶然性在生命发展中的重要作用的理论[1]——之后出现在音乐之林中，这并非偶然。从这之后，人们不得不重新思考一些事情。生命并非必然出现在地球上，脊椎动物和人类也非必然存在于世。在所有这些事件中都有偶然性的影子，如果没有这偶然性的话，生物的演化很可能就会朝向完全不同的方向。史蒂芬·杰伊·古尔德曾经表示，"生命的磁带"应该在随机因素下被反复播放好几次，这样我们就能清楚地看到，发生的可能是完全不

---

[1] 马塞尔·杜尚是这一潮流的先驱之一，他在1913年创作了两首名为《错误音乐》的随机音乐作品。然而那时没有人继承这一创作思路。

同的故事——并不仅仅是孕育了我们并为我们所知的这个故事。[1]

偶然音乐与此在很多方面是类似的。它让我们从同一起点出发，却因种种随机的决定而体验到可能的不同的结果。可以说，偶然音乐是在音乐领域重演了整个生命王国中发生的事情。它用音乐的方式让人们理解偶然性及其生产力。它不仅是音乐领域的创新，也有助于指导人们习惯一种新的思维方式。当然，这只有在它被正确地演奏的时候，只有在它不被剥夺偶然性因素的时候，才能实现。就像"生命的磁带"应该被播放好多遍一样，人们也应该允许偶然音乐被演奏好多遍。

偶然音乐的例子表明，音乐同样可以作用于我们的思维方式和世界观。音乐不仅能产生情感上的效果，也能产生认识和思维上的效果。其实所有艺术都是如此。艺术会干涉影响我们的经验、期望和认知的形式，艺术可以打开新的门径。艺术领域和非艺术领域处在相互渗透的关系里：艺术会吸收和反映文化环境，也会强化、丰富文化中的某些因素。

音乐与过程性
——用过程本体论（process-ontology）取代实体本体论（substance-ontology）

最后，我想指出在音乐体验中非常典型而且极其重要的一个特征。相较于我们一般而言的世界观，音乐给我们提供了一种完全不同但更为正确的世界体验。

我们通常会认为，世界首先包含着各自独立且持续存在的对象，即实体——比如桌子、人体、建筑、道路、树木等等。然而在音乐经验中，首要的并非实体或持存的东西，并非自己即完满的东西，而是转瞬即

---

[1] 参见 Stephen Jay Gould, *Zufall Mensch: Das Wunder des Lebens als Spiel der Natur*［1989］, Munich: Hanser, 1991, p.46。

逝、只能在某个过程中存在、随后便归于虚无的东西。音乐中的单音与声音不断发展、延伸、兴盛——然后渐渐消散。音乐里的所有东西都只不过是过程的要素，除此之外什么都不是。

　　哲学上一直存在着实体本体论与过程本体论之间的争执，前者声称世界首先由诸实体构成，而后者认为过程才是最基本的东西，实体不过是过程的环节。音乐显然是站在过程本体论的立场上的，它为我们认识现实和生命提供了一种过程性的视角。在音乐中，作品并不以实体的方式呈现出来；顶多只有乐谱才算是实存。实际上，音乐只能通过演奏，即通过一个过程产生。所有的音符或者声音都只是这一过程的某个环节。同样，听音乐就是意味着跟随这一过程，从它由之而生的寂静开始，经过种种声音的运动，直到它最终归于寂静。音乐中没有什么固定不变的东西，一切都是处于过程之中的。

　　音乐的这一特性与其他艺术非常不同。绘画是被挂在墙上的，雕塑是被放在地面上的。在面对这些艺术时，观赏者诚然需要经历一个观赏的过程，但他不需要重新绘制或重新雕塑。可音乐家需要重新演奏，音乐只存在于其演奏过程中。[1]

　　因此，音乐就展现了一种过程性的生命观和现实观。所有的美、美丽和幸福都只出现在过程之中，只存在于过程之中。音乐比其他艺术更加精巧、大胆、敢为人先，或许也更加接近真理。如今的科学和哲学也在慢慢倾向于过程本体论[2]——这是十分明智的。[3] 人们或许会更希望自

1　音乐也可能与其他表演艺术如舞蹈结合起来。舞蹈的运动更多的是受身体的掌控，而非受乐器的声音的影响。舞蹈动作是与身体不可分开的一部分，而音乐则可以从产生它们的乐器中脱身，仿佛能够在空气中自由飘动。

2　这一点在阿尔弗雷德·诺斯·怀特海的著作《过程与实在：宇宙论研究》（Alfred North Whitehead, *Process and Reality: An Essay in Cosmology*, New York: Macmillan Company, 1929）中被清晰地发挥出来。

3　更多细节参见我的 *Homo mundanus—Jenseits der anthropischen Denkform der Moderne*, Weilerswist, Velbrück Wissenschaft, 2012, 2nd edition 2015, pp.894–897。

己活在这样的世界里：其中大部分人都接受一种过程性的世界观，而不是一种堆砌性的世界观。音乐或许有助于人们接近这一目标——但当然，这一目标目前还是遥不可及的。

开放的问题——关于音乐和哲学间的关系

有关音乐美学的许多问题在本文中都无法提及，比如音乐的起源问题，音乐与语言的关系问题，还有音乐比起其他艺术，为何更能吸引不同文化不同时代的所有人的问题。但我们至少还能简单谈到一个问题：音乐和哲学的关系。

据说贝多芬曾经宣布："音乐是一种比所有智慧和哲学更高的启示。"[1] 或许人们不明白为什么音乐是一种更高的启示，但与可以通过概念传达的思想相比，音乐确实是一种完全不同的东西。

有一个著名的传闻说，哪怕是哲学的奠基者之一，也猜想哲学并不能解释一切，他认为有一音乐真理的王国存在于哲学之上。根据柏拉图（Plato）的记录，苏格拉底（Socrates）在他生命的最后几天中醉心于音乐和诗歌创作。学生们惊奇地问道为什么他会如此，苏格拉底回答说，在他的一生中，他经常梦到被告诫去创作音乐。然而他总是将这一告诫理解为哲学化的要求——因为他将哲学视为"最伟大的音乐"，所以过去的他总将这一反复不断的梦理解为对他从事哲学事业的鼓励。但现在，在死亡面前，他开始觉得说不定这个梦中的音乐就是文学艺术意义上的音乐。因此他开始为音乐之神阿波罗（Apollo）创作抒情诗，也把伊索

---

[1] 这句话转述自贝蒂娜·冯·阿尔尼姆（Bettina von Arnim）在 1810 年 5 月 26 日给歌德写的一封信，这封信主要是关于她对贝多芬的印象的："我不得不鄙视这个世界，因为它竟然不晓得音乐是比所有智慧和哲学更高的启示；它是激发全新创造灵感的琼浆，而我是酒神巴库斯，我为人们酿造了这醇醪，让人们在精神中醺醉。"

（Aísôpos）的寓言改成诗歌。[1]

在生命的尽头，苏格拉底这位极端的理性主义者也开始怀疑他错失了真理的某个重要组成部分，错失了一个并不对逻各斯（logos）敞开自身而只对音乐敞开自身的真理领域——之所以产生这个怀疑，恰恰是因为苏格拉底一直在进行的将事物合理化的工作。所以，最终他放弃了对哲学可以解释一切的坚持，并承认音乐有与哲学并列的自己的权利。

我认为，我们应该据此思考音乐与哲学的关系。这两者在不同的领域内发挥作用：前者是声音、情感、预兆的领域，而后者是语言和概念的领域。所以二者并非相互竞争，而是互为补充。人们应该放弃在两者中分出个孰优孰劣的念头——这个念头（以及在各种艺术间区别高下的念头）自古代与文艺复兴以来，已经变得过于深入人心了，我们应该满心欢喜地认识到它们之间是互补的。不管世上是没有音乐还是没有哲学，这个世界都太荒凉了。

（任继泽　译）

---

[1] Platon, *Phaidon*, pp.60 c–61 b.

第九篇

以感官愉悦和参与替代审美观照或感官认识
——生活美学作为美学的第三种类型[1]

---

[1] 本文系 2017 年 10 月 14 日作者发表于复旦大学中文系文艺学专业"生活美学学术研讨会"的演讲。由复旦大学文艺学专业博士生王曦整理翻译。原题目为"Sensory Pleasure and Engagement instead of Aesthetic Contemplation or Sensory Cognition: Life Aesthetics as a Third Type of Aesthetics"。

引　言

很荣幸我被邀请至这次生活美学的会议,有机会对这一话题有所贡献。然而我能对这个话题说些什么呢?我是来自古老欧洲的一位年老的教授,我必须承认,"生活美学"这个词在那儿没人用,也不存在。更糟的是,我来自耶拿大学,在哲学方面,这所大学和德国观念论紧密相连,康德的批判事业和谢林(Schelling)、费希特、黑格尔一道,打响了耶拿哲学研究事业的第一枪。作为这三位的后继者,我在耶拿大学担任理论哲学的教职 15 年,这是多么大的荣幸,又是多么大的负担!因此,当被邀请到这次会议上时,我禁不住设想,康德这位耶拿哲学、现代哲学与现代美学的祖师将会如何看你们今天的美学尝试。

我恐怕他不会乐于听到今天中国的美学家们齐聚一堂讨论生活美学。康德或许会问他自己,莫非中国的美学家们没读过我对审美判断或是趣味判断的权威阐释?如果他们读过的话,为何他们并不赞同我对审美判断本质上是"无利害的"这一基本论断?生活美学——一眼望去就再清楚不过——它被兴趣[1]所灌注。

我怀疑,康德会起而反对你们的研究事业,认为你们犯了一个范畴性错误。他会认为,当你们将"美学"同"生活"联系起来时就误用了这个词。从康德的视角看,似乎是你们背叛了美学——这一无利害的领域,转而投身市场利益。

然而不用担心,我将会更细致地解释康德的观点,并借此表明你们是对的,而康德却是错的。

"无利害"(Distinterestedness): 康德美学的一些缺陷

这里的核心问题当然是康德关于趣味判断是"无利害的"[2]这一论断,它广为人知却又被广泛误解。首先,康德并不是说兴趣在审美领域中毫无地位。否则,他怎么会坚持认为"对自然的美拥有一种直接的兴趣,……在任何时候都是一个善的灵魂的特征"(如他在《判断力批判》第42节中所言)。这里,他承认人们可以对美有兴趣,甚至是最直接的兴趣——他认为这是一种道德上善好的标识。康德坚持的,只是任何类型的兴趣都不能作为趣味判断的"决定性基础"(determining ground)。先在地建立起审美判断的纯粹、无利害的形式之后,趣味便可以很好地同审美判断相连。

其次,让我们先澄清一下对康德趣味的理解。他将趣味定义为"对某物体之存在的兴趣"[3]。这并不是说,一旦某人将一幅画判断为美的,他

---

[1] "interest"在英语中兼有"趣味"和"利益"的含义,但作为康德为了摆脱关于审美判断的客观限定而在先验判断中剔除的因素,这两个义项并无区别,译法仅顾忌语境的不同而有所分殊。——译者注

[2] 康德:《判断力批判》,邓晓芒译,人民出版社,2002年,第一部分第一章第一卷第2小节,第38页。

[3] 康德:《判断力批判》,第一部分第一章第二卷第41小节,第138—140页。

就会有兴趣收藏这幅美的画作——因为一个有着美丽画作的世界较之一个没有这些画作的世界更让人愉悦；或者说因为某人认为这幅画对艺术市场而言是件珍贵之物，诸如此类。康德的意思只是说，这些兴趣都不能作为审美判断的基础。

因此，在康德那里，审美愉悦真正的、唯一的基础是什么呢？譬如说，对趣味判断而言，如你们所知的，它是一种特定的"精神状态"，在其中，"想象力和知解力自由游戏"并且"相互协调"。[1]

然而此时康德理论的第一个缺陷就显而易见了。这个世界上没有人会认为审美愉悦依赖我们认识能力的和谐，只要他或她严格地进行审美考量。这种解释的存在，只能是因为我们心中有其他目标——捍卫审美判断的普遍有效性。唯有如此，我们的认知机制的普遍结构才会起作用。显而易见，如果审美判断仅仅依赖我们的认知机制的结构，它就能够，甚至必须具备普遍有效性。但这却颠倒了这个问题的秩序。它预设审美判断的普遍性，而非建立起审美判断。如此，借着匆忙转换到所谓的普遍性问题，我们就忽略了如此这般的审美判断究竟是什么。

第二个缺陷很明显与第一个直接相关。根据康德的观点，审美判断并不是一种特殊类型，它只不过实现了认识判断的一般形式。康德的审美判断依赖的"认识能力的和谐"，也是"一般性的认识所需要的"，"认识总是依赖这一关系作其主观条件"。[2] 审美判断和一般认识判断之间唯一的区别在于，后者的一致性有赖于概念的引导，而在审美判断中，认识能力在一种"自由游戏"之中暗相契合。这同时暗示了康德理论中的审美领域被认识领域所垄断。是认识的一般条件在支配审美运作的框架，这里完全没有美学自律的空间。

康德最终所说的是：当我们凭着一种趣味判断将某物称作是美的，

---

[1] 康德：《判断力批判》，第一部分第一章第一卷第9小节，第52—54页。
[2] 同上。

事实却是我们体验到了一种我们认识能力（想象力与知解力）的和谐。在康德那里，我们认为所得到的快乐来自产生愉悦的客体，但事实却是完全相反的：在"认识能力的协调"中我们获得了"纯然主观性"的愉悦，是它引发了"客体中的愉悦"。[1]

至此，康德理论的第三个缺陷就很明显了。他无法解释为何此物能引发审美愉悦，而彼物却不能。因为，事实上，能否体验审美愉悦的事实，与我们看到此物或彼物紧密相连——此物引发了审美愉悦，而彼物却没有。客体至少对审美愉悦的产生与否有所影响。

然而，就康德的极端主观主义而言——这一般也是康德哲学的痛处，他甚至没能够提出这一问题。借此，在审美领域，席勒与黑格尔恰如其时地提出了反对意见。

亚历山大·戈特利布·鲍姆加登的认识美学类型

我现在暂时跳到另一位完全不同的作者，亚历山大·戈特利布·鲍姆加登（Alexander Gottlieb Baumgarten），现代美学的奠基者。如此做法是为了强调传统美学与认知之间的紧密联系。

众所周知，鲍姆加登将美学定义为"感性认识的科学"[2]。美学这一新学科意味着为了认识而发展我们的感性能力，以改善认识。[3] 当认识的高级机能已经被很好地发展时，低级机能却仍在休眠。因而，美学的任务是推进感性认识以助益于作为整体的认识。

美学应以递交素材、提供生动性、改善描述、提高理解力的方式，

---

1 康德：《判断力批判》，第一部分第一章第一卷第9小节，第52—54页。
2 参见鲍姆加登在《美学》一书对美学的定义："自由的艺术的理论，低级知识的逻辑，用美的方式去思维的艺术和类比推理的艺术"（Alexander Gottlieb Baumgarten, *Aesthetica*, 1. Part [1750], Hildesheim: Olms, 1970, p.1 [§1]）。
3 参见鲍姆加登《美学》，"美学的目的是感性认识自身的完善"，ibid., p.662 [§521]。

对我们的认识有所贡献。因此,在鲍姆加登那里,美学已经是一项决定性的认识论工程[1]。(艺术在美学的领域中根本未被提及。[2])

尽管鲍姆加登已(先于康德)在认识的框架之中发展美学,两人的美学概念依然有显著区别。鲍姆加登急切地想要获取知识,那种经由感官得到的真正多样化、不断增长的知识。即便是鸟飞翔的寓意,在鲍姆加登看来,也是个有价值的美学问题。与之相反,康德的美学却对从感官或世界的事实之中获取知识丝毫没有兴趣,康德只感兴趣于这同一物——对美的观照自身。鲍姆加登的美学类型却能向各种感官性的认识敞开,它具有高度的实践性(显然和生活美学相关);康德的美学范式却是认识性的,并主要是沉思性的,它并不向生活美学敞开。

康德哲学与生活美学并不协调

让我们现在回到康德,最后再转到生活美学上。我认为,康德并没有提示我们如何解释美的物体与我们的审美愉悦之间的关系。康德仅仅是沉浸在一种主观主义的考量之中。但我们的这个论断丝毫不会让他困扰。相反,康德还会对他已经摆脱了关于审美判断的任何客观的限定这一点很是自豪。康德认为,如果我们同客体的关系会影响我们的判断,我们的判断就不可能是无利害的与纯粹的,也即不再仅仅是主观主义的和沉思性的,而是会建基于我们的欲望与兴趣之上。

因此,当康德把客体从审美愉悦的阐释中剔除之时,康德同时也欢欣鼓舞地取消了判断同欲望和利益的任何关联。所有的欲望,不管它是

---

[1] 我们看到这种认知的束缚可以说是传统美学的基因序列。更别提在后续的席勒、黑格尔对美学的贡献中,这一束缚不仅没有被废除,甚至被强化了。美学的"自律"不过是美学的美好期许,但这一期许却无法被保全。美学只是从道德律令中被解放出来,却仍被认识统辖。

[2] 鲍姆加登的确是从艺术尤其是诗歌中举例,但仅仅为了阐释作为感性知识完善的美学完善为何。

感性的还是理性的，都涉及客体的存在，因而皆被归到不名誉的利益范畴。如是，康德的判断就取消了与生活美学任何可能的关联性，这是我思考之中最关键的一点。因为生活美学关涉的是审美趣味、欲望、决定以及对现实的参与，它和观照无关，它是介入、行动、情绪、感受、选择、改善、变化，诸如此类。我认为没有必要详细展开讨论。既然你们正在讨论生活美学，你们同时应该意识到在这个领域，人们需要应对的是诸如吸引力、渴望、气氛、生活方式、媒介、社会关系、情感及形形色色的愉悦感——那些在康德美学里丝毫无地位之物。

让我再补充说明一下，在生活美学的领域，形形色色的趣味对审美判断而言是构成性的。趣味并非仅仅位居其后，被附加在判断上（这种附加是为康德的美学所容许的），在生活美学里兴趣是基础性的。这标识出康德哲学与生活美学的鸿沟，康德美学对生活美学并无用处。康德发展了一种美学类型，但它并不是唯一的美学类型，它只适用于现象界的极小部分。即便在美的疆域内，它也只适用于这一种特定的类型——观照性的美。它并不适用于发生在我们的生活世界中众多其他的美学类型，也即生活美学所探讨阐释的那些有它们自己发言权的美学类型。

因此，我认为你们丝毫不用担心那位来自哥尼斯堡的老人的反对意见。就生活美学而言，你们从审美观照到兴趣的切换是正确的。走自己的路吧！对此你们甚或可以引用康德——不是作为美学家的康德，而是作为启蒙哲学家的康德——那一著名的睿智建议："有勇气运用你们自身的理性！"

但也请你们同时意识到这两者不可兼得，你们不可能一方面选择生活美学及其对兴趣的强调，另一方面又坚守康德美学的"无利害"。我希望这已足够清晰，因此，为了你们自己的目标，忘记康德吧！

（王曦　译）

图版1

图 1-1　卡斯米尔·马列维奇,《黑方块》,约 1923—1930 年

图版 2

图 1-2　南禅寺禅园（一），17 世纪初期

图 1-3　南禅寺禅园（二），17 世纪初期

图版 3

图 1-4　蒙德里安,《红、黑、蓝、黄的构成》,1928 年

图版 4

图 1-5　马奈,《水晶瓶里的鲜花》,1882 年

图版 5

图 1-6 老彼得·勃鲁盖尔,《农民的婚礼》,1567 年

图 1-7　蒙克,《呐喊》, 1893 年

图版 7

图 2-1　詹姆士·特勒尔，Bridget's Bardo 照明装置，2009—2010 年

图 2-2　爱德华多·卡克，《爱德尼娅》，2003—2009 年

图版8

©Nuno Tavares/wikimedia commons

©3268zauber/wikimedia commons

©Addictive Picasso/wikimedia commons

图 3-1　松果的鳞片、向日葵的种子、孔雀尾巴的斑点

图版 9

©User Keichwa on de.wikipedia/wikimedia commons

图 4-1 博伊斯,《7 000 棵橡树：城市造林替代城市管理》，1982 年

图版10

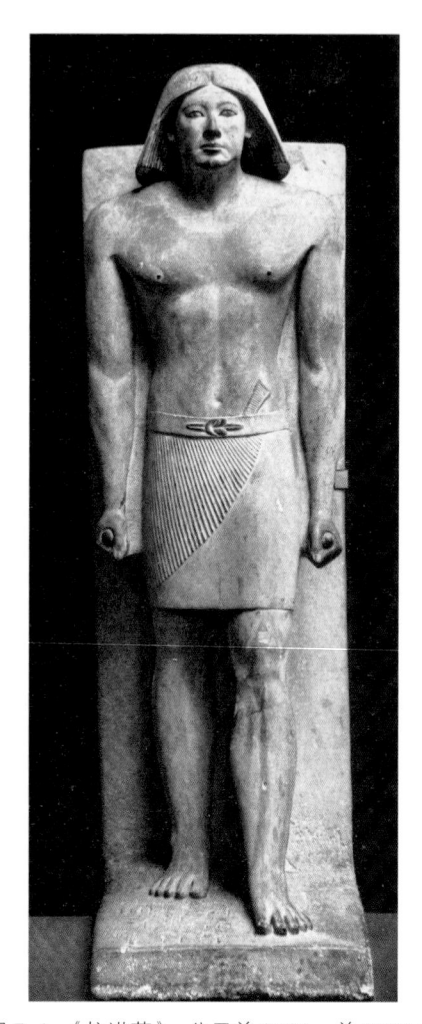

图 7-1 《拉诺菲》,公元前 2563—前 2423 年

图版 11

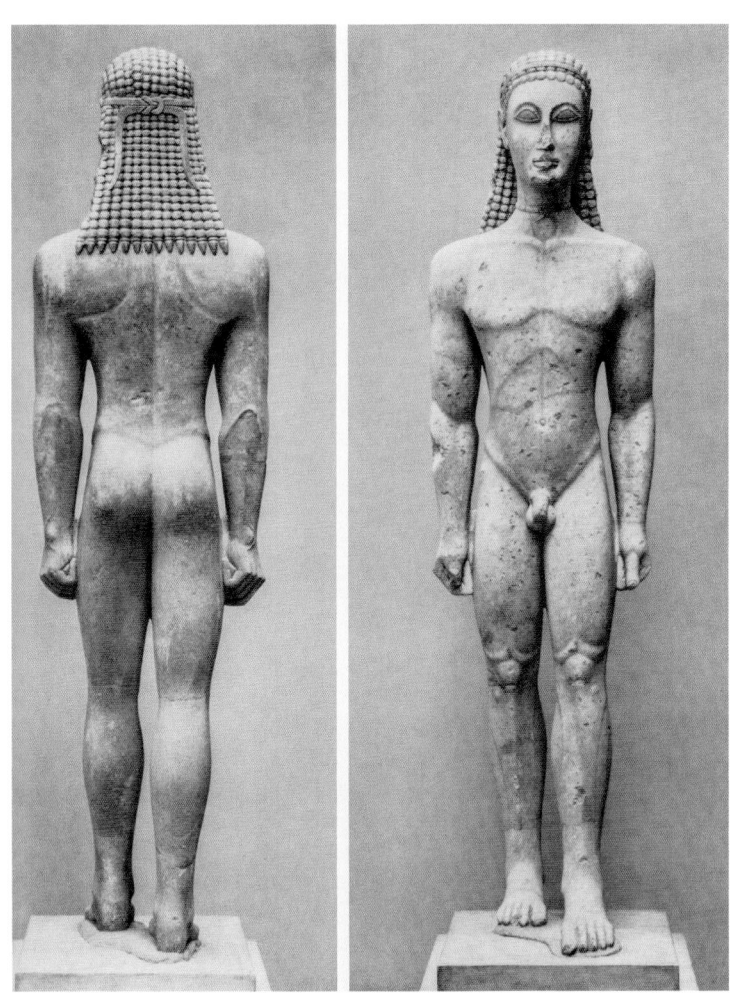

图 7-2　迪普隆,《来自阿提卡的站立青年》,
　　　　约公元前 620 年

图版 12

©Zde/wikimedia commons

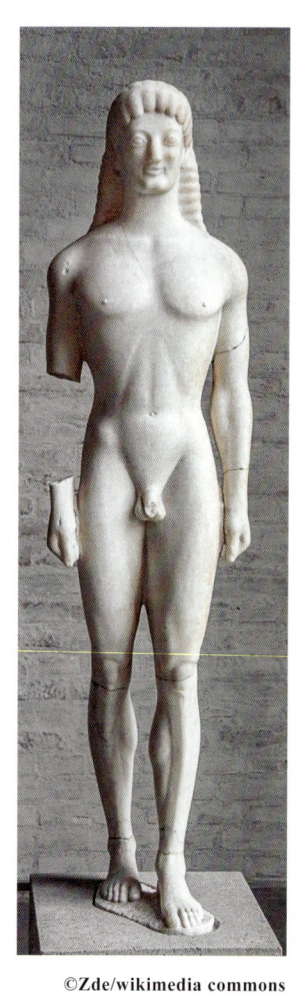

图 7-3 《泰内亚青年雕像》，约公元前 560 年

图 7-4 《泰内亚青年雕像》的头部

图版13

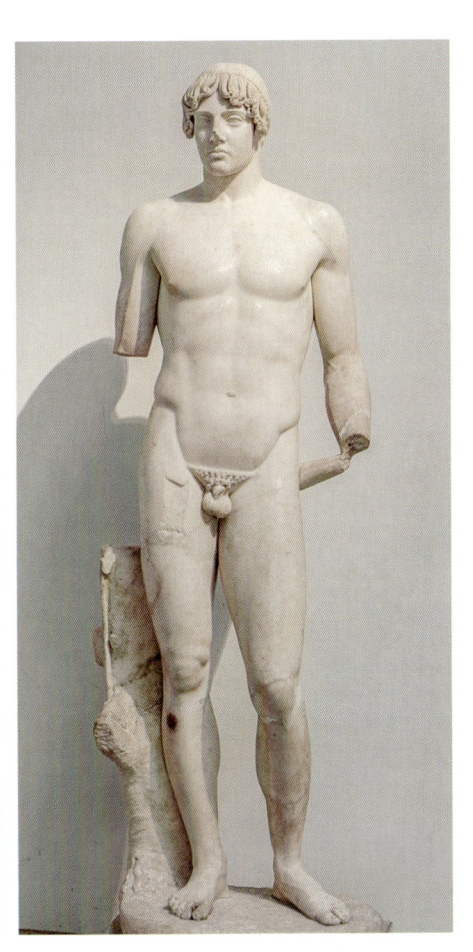

图 7-5 《阿波罗》,约公元前 460 年

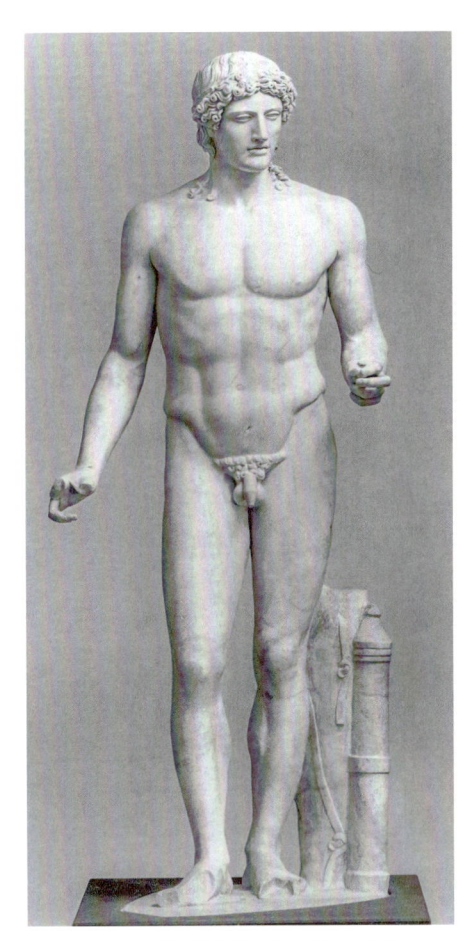

图 7-6 《阿波罗》,公元前 450 年

图版14

©sailko/wikimedia commons

图 7-7 《头戴王冠的青年男子雕像》,公元前 420 年

图版 15

图 7-8　阿尔布雷希特·丢勒,《圣母子》, 约 1496—1499 年

图版16

图 7-9 阿尔布雷希特·丢勒,《玫瑰花环的盛宴》,1506 年

图版 17

©wikimedia commons

图 7-10　乔凡尼·贝里尼,《圣母子与圣徒》, 1488 年

图版18

图 7-11　阿尔布雷希特·丢勒,《四使徒》, 1526 年

图版19

©Staatsgalerie Stuttgart/wikimedia commons

图 7-12　詹姆斯·斯特林，新斯图加特州立博物馆，1977—1983 年

图版20

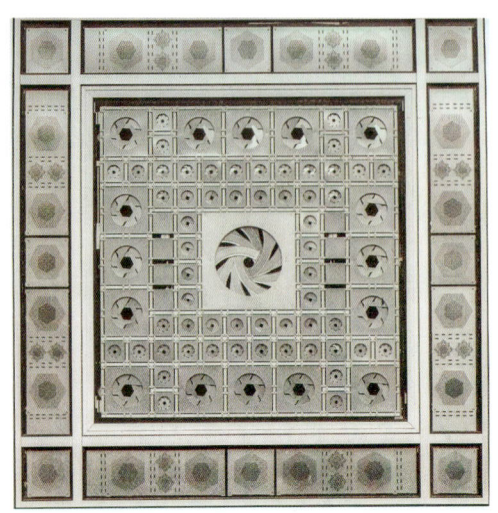

图 7-13　阿拉伯世界研究所建筑正面的方形图案

图 7-14　内部视角看阿拉伯世界研究所的建筑外墙

图版 21

图 7-15　塔尼亚·布卡尔,《欢乐颂》, 2014 年

图 7-16　《欢乐颂》(局部)

图版 22

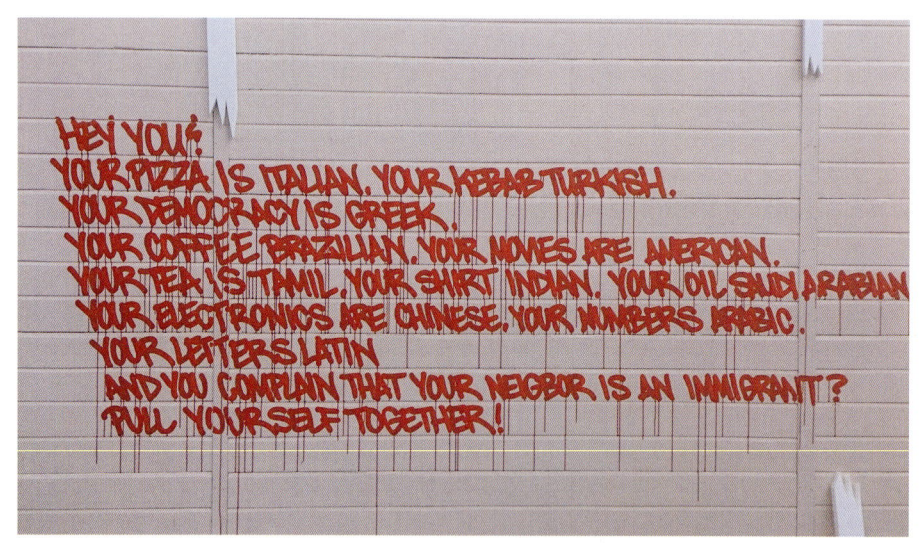

图 7-17　雅尼·莱诺宁,《不服从学校》, 2015 年

图版 23

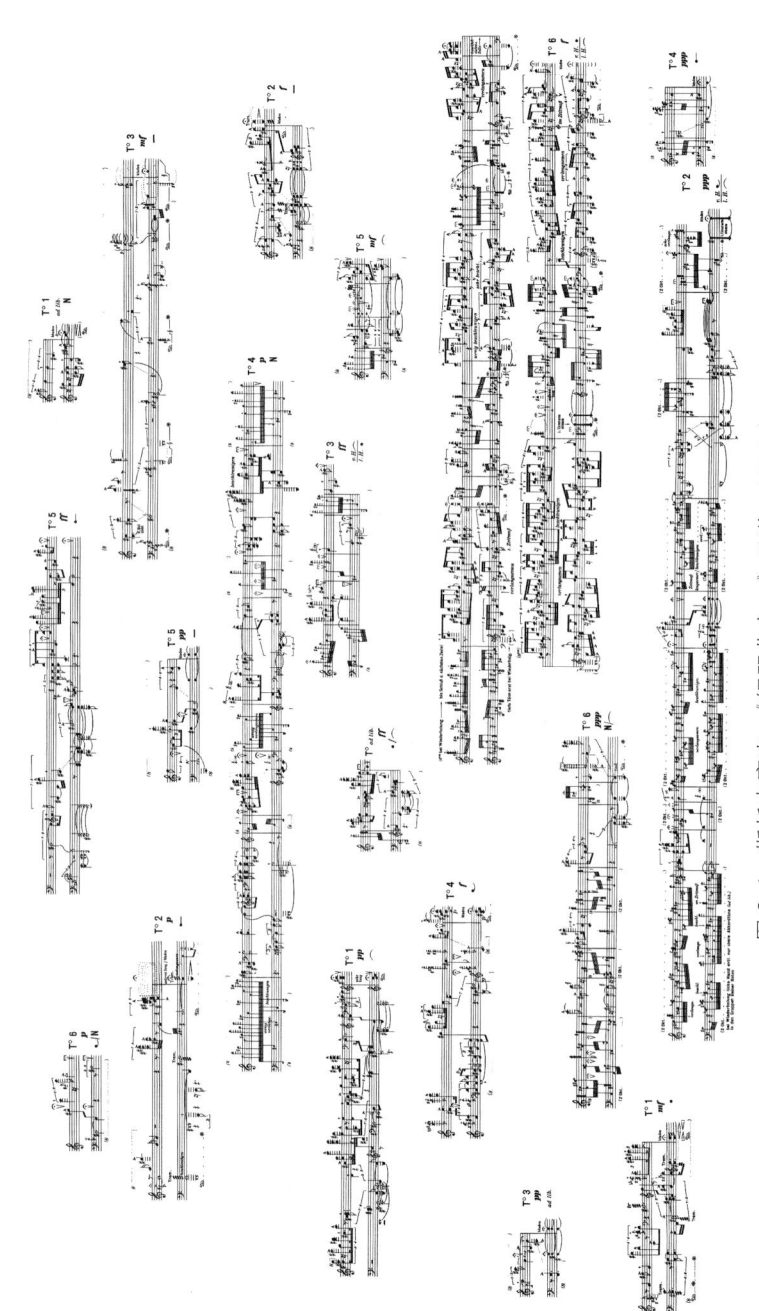

图 8-1 斯托克豪森,《钢琴曲十一》乐谱,1956 年

图书在版编目(CIP)数据

美学与对世界的当代思考/(德)沃尔夫冈·韦尔施著；熊腾等译.—北京：商务印书馆，2018
(复旦中文系文艺学前沿课堂系列)
ISBN 978-7-100-16215-9

Ⅰ.①美… Ⅱ.①沃… ②熊… Ⅲ.①美学-研究 Ⅳ.①B83

中国版本图书馆 CIP 数据核字(2018)第 115991 号

权利保留，侵权必究。

美学与对世界的当代思考
〔德〕沃尔夫冈·韦尔施 著
熊 腾 等译

商 务 印 书 馆 出 版
(北京王府井大街36号 邮政编码100710)
商 务 印 书 馆 发 行
苏州市越洋印刷有限公司印刷
ISBN 978-7-100-16215-9

2018年6月第1版 开本640×960 1/16
2018年6月第1次印刷 印张10½ 插页12
定价：42.00元